再　考
寺田屋事件と薩長同盟

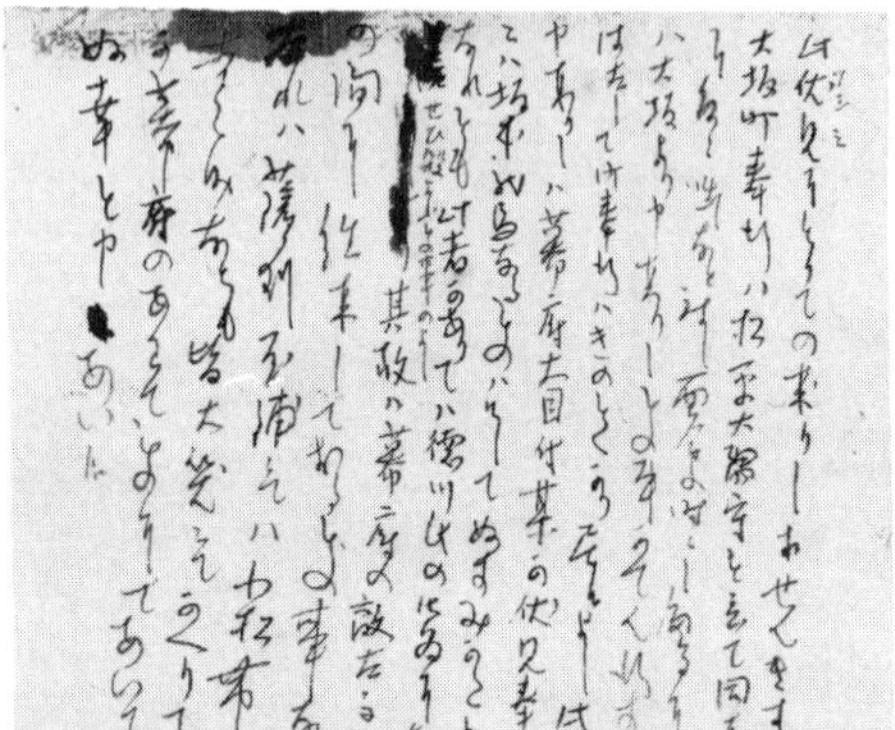

龍馬の
手紙に見る
幕末史

宮川禎一
著

教育評論社

まえがき

坂本龍馬（天保六〜慶応三年）の生涯はわずか三十二年ほど。しかしその短い人生は日本史にかかわる実に濃いものであった。本書は近年の坂本龍馬に関する新史料や新出の書簡、遺品、さらには龍馬にかかわった人物に関する筆者の論考を一書にまとめたものだ。

まずは龍馬の大きな危難、慶応二年（一八六六）一月二十三日深夜（二十四日未明）に伏見寺田屋で奉行所の捕吏に襲われた有名な事件と薩長同盟（盟約）成立とのかかわりについて記した。薩長同盟に関しては様々な研究論考があるが、それらとはあえて異なった視点で考え直したものである。薩長同盟の成立過程と龍馬の寺田屋事件（遭難事件）とは別々の事象ではなく、深い関係があったのではないかという想定である。単純に薩長同盟が出来た、そのあとで龍馬は寺田屋で襲われた、という図式で考えて良いものか？という疑問があったのだ。

次に大政奉還前後における龍馬と越前藩（越前福井藩）とのかかわりについて記した。平成二十九年（二〇一七）一月に高知県によって発表されたいわゆる「新国家」の書簡、慶応三年（一八六七）十一月十日付、中根雪江（せっこう、ゆきえ）宛の一通から派生した論考だ。これまであまり注目されなかった越前福井と幕末史の関係を改めて認識させられた。越前藩の重臣中根雪江の『丁卯日記』を読んでいて思いあたることがあったのだ。龍馬は大政奉還の前後にいったい何を考えていたのか。龍馬最後の大芝居がこの時期に展開していたのでは？という推論だ。

また中盤には表裏を剥がした龍馬の手紙の書き順の検討や龍馬の刀に関する論考などを載せた。さらに後半には十年以上前に『歴史読本』等に記した龍馬の剣術の師、千葉重太郎とその妹である千葉佐那に関する文章の再掲載である。まとめておけば読者の使い勝手も良いだろうし、自分の仕事の決算にもなる。

歴史を書くとは何か。客観的な事実としての歴史というものが過去には確実に存在したはずなのだが、後世にいざ文章に書こうとした瞬間に現在の書き手の主観を通じたものに変化している気がする。客観的であろうとしつつも、書き手の価値観が必ず紛れ込んでいるものだ。そもそもそれが無かったら書く動機も無いはずである。

この本を手に取り、このまえがきを読まれている読者にはなんとなく分かっていただけるものと思っております。

再考　寺田屋事件と薩長同盟◎目次

まえがき　3

Ⅰ　再考　寺田屋事件と薩長同盟――大笑いの真意とは――

龍馬の寺田屋遭難事件を考え直す　12
龍馬は寺田屋で襲われて良かった――事件が及ぼした影響――　14
龍馬の秘密のたくらみ――寺田屋遭難事件の裏側――　28
シナリオ「寺田屋遭難事件異聞」　42
史料で見る寺田屋遭難事件　49
龍馬が匿われた伏見薩摩屋敷　70
薩長同盟の必然性　74
大久保一蔵の戦い　80

II　新発見「新国家」の書簡をめぐって――龍馬と越前福井――

「新国家」の書簡をめぐって――龍馬と越前福井藩の深い関係――　88
松平春嶽と龍馬　98
龍馬の福井行きの記録　100
「〇〇〇」とは誰なのか　106
中根雪江の釣り人姿　115

III　大政奉還の直前、龍馬は何を考えていたか

龍馬は大政奉還を望んでいたのか　124
慶応の将軍継嗣問題　133
真剣で戦うということ　135
月岡芳年と大河ドラマ　139
歴史を描くことの歴史　144
鞍馬寺所蔵の鉄扇　147

Ⅳ　龍馬の刀、手紙、遺品

龍馬の日本刀　152
慶応元年九月九日、龍馬は手紙をどう書いたのか　160
失われた龍馬の遺品――坂本・中岡の四十年祭・五十年祭をめぐって――　172
龍馬の紋服絵葉書　187
五十年祭のこと　190

Ⅴ　犬歩棒当記

ひねりが効いている　202
描かれなかった歴史　204
田中伯爵邸の白い花　206
→矢印の研究←　208
薩長同盟とは何か　210
龍馬は大人になってから　212
矢印の研究（補遺）　214
日本人のお名前――幕末編――　216

Ⅵ　千葉重太郎と佐那のこと

山国隊と千葉重太郎――桶町千葉道場のこと――　220
千葉重太郎の冗談――弟子が狸に化かされた！――　238
千葉周作の教え　240
『稿本藍山公記』に記された千葉佐那　242
千葉佐那日記　261

あとがき　264
初出一覧　266

装丁＝相羽裕太（明昌堂）

I　再考　寺田屋事件と薩長同盟

――大笑いの真意とは――

龍馬の寺田屋遭難事件を考え直す

以下のふたつの文章は慶応二年（一八六六）一月二十三日深夜（二十四日未明）に伏見寺田屋で坂本龍馬が伏見奉行所の捕吏の襲撃を受けて大怪我を負いながら辛うじて助かったいわゆる坂本龍馬の「寺田屋遭難事件」を新たな視点から考え直すものだ。

一月二十一日に京都で薩摩藩代表（西郷吉之助ら）と長州藩代表（桂小五郎ら）が会合をもち、薩摩藩が長州藩の京都復権を手助けすることを約したいわゆる薩長同盟締結（めでたし、めでたし?）から、龍馬は二十三日の夜には伏見寺田屋に長府藩士三吉慎蔵に会談の成功を知らせるために戻り、その夜更けに幕吏に襲われて九死に一生を得た、という龍馬の伝記としてはクライマックスとなるこの流れに「本当にそうなのだろうか?」との疑念を抱いたからだ。

前半の「龍馬は寺田屋で襲われて良かった」と後半の「龍馬の秘密のたくらみ」は一連のものだが、その考察の源泉は慶応二年十二月四日に龍馬が兄坂本権平・家族一同にあてた長い手紙の一部が北海道で発見されたことだ。平成二十九年（二〇一七）五月に高知県が記者発表し、のちに高知県が寄贈を受けた手紙である（現在は高知県立坂本龍馬記念館蔵）。現存する六紙分は長年札幌市在住の個人の方が所蔵されていたものである。手紙全体の約四割だ。筆者がその手紙を元所蔵者宅で直接拝見したのは平成二十八年（二〇一六）十一月十四日のことであった。ながく行方の分からなかった原本を目の当たりにして驚いた記憶が鮮明だ。その内容は筆写されて知られていたものの現物にあたって分かることが多かった。その中でも筆者の注意を引いたのが、龍馬が寺田屋遭難のあと、伏見の薩摩屋敷に匿われてから、京都二本松の薩摩藩邸に護送され、さらにそこで小松帯刀《こまつたてわき》・西郷吉之助（隆盛）らと事件全体を総括し、「かえりて幕府のあわてものにであいてはからぬ幸いなり」と「皆大笑いにて～」という記述が明確になったことである。写ではなく原本にそう書いてあることを確認したところから始まったのである。

この幕末史の急所において小松・西郷・坂本の三人（大河ドラマ三人組だ）がなぜそろって「大笑い」しているのか？　龍馬は寺田屋で大怪我を負っているのにもかかわらずだ。大笑いした真意は奈辺にあるのか？　どうやら重大な「歴史の機微」がそこにあったような気がしたのである。そこで以下のふたつの文章が生まれたのだ。推理を含めた文章だが、視点を変えてみると寺田屋遭難事件の全く別の側面が浮かび上がってくるはずだ。

龍馬は寺田屋で襲われて良かった――事件が及ぼした影響――

現われた手紙原本

奇妙な題名に驚かれるかもしれないが、本稿の結論は「坂本龍馬は慶応二年一月二十四日未明に伏見寺田屋で幕吏に襲われて良かった」である。龍馬も手紙にそう書いている。

本稿は薩長同盟の締結とその後の展開に果たした龍馬の役割を再検討するものである。

まずは龍馬の手紙から見ておこう。慶応二年（一八六六）十二月四日付の坂本権平・家族一同あての長い手紙の一部（中盤）である。寺田屋で奉行所捕吏に襲われた様子を長々と描写したあと、二月に移された京都の薩摩藩邸内で考えたり、小松帯刀・西郷吉之助と話をしたりした様子を記している部分だ。左に原文を掲げた。


「此伏見《フシミ》にとりての来りしおせんきするに、大坂町奉行ハ松平大隅守と云て同志のよふに度々咄しなと致し面会の時々したるに此度ハ大坂より申来りしとの事、かてん行すと猶聞ニ、はたして町奉行ハきのとくかり居候よし。此大坂より申来りしハ幕府大目付某か伏見奉行へ申来るニハ坂本龍馬なるものハけしてぬすみかたりハせぬものなれとも、此者かありてハ徳川氏の御為にならぬと申てせひ殺よふとの事のよし。其故ハ幕府の敵たる長州薩州の間に往来しておるとの事なり。夫お聞たれハ薩州屋鋪ニてハ小松帯刀西郷吉之助なとも皆大笑ニて、かへりて私しか幕府のあわてものにであいてはからぬ幸と申あい候。

此時うれしき事ハ西郷吉之助（薩州政府第一の人当時国中てハ鬼神と云ハレル人也）わ伏見の屋鋪よりの早使より大きつかいニて自ら短銃《ヒストヲル》ヲ玉込して立出てんとせしニ一同おしとゝめて、とふ〳〵京留守居吉井幸助か馬上ニて士六十人斗つれむかいに来りたり。此時伏見奉行よりも打取レなとノゝシリしよしなれとも、大乱ニも及べしとて其まゝに相成候よし。實に盛なる事ニて在之候。私ハ是より少々かたわニハなりたれとも一生のはれにて在之候。」

現代語訳を記してみよう。

「この伏見の宿（寺田屋）に捕り方が差し向けられた理由を確かめてみたところ、大坂町奉行は松平大隅守（松平信敏）といって同志のように度々話をいたし、何度も面会したことがある懇意の仲なのに、今度の指令が大坂から出ているとのこと。全く合点がいかず、なお重ねて聞き糺してみると、はたしてこの町奉行は気の毒がっていたそうです。

この大坂からの坂本龍馬捕縛命令は幕府大目付の某から伏見奉行に申しきたことで「坂本龍馬なるものは決して盗みや詐言はしない者ではあるが、この者がいては徳川家のためにならない。是非とも殺すように」との指令だったようです。その理由は幕府の敵である長州と薩摩の間を往来しているからだとのこと。この話を聞いた薩摩屋敷の小松帯刀や西郷吉之助なども皆、大笑いいたし、かえって私が幕府のあわて者に出会って、はからぬ幸いだ、と申しあったことです。

この事件のとき嬉しかったのは、西郷吉之助［薩摩政府の中心人物。世間の評判では鬼神と言われる人です］が、伏見の薩摩屋敷からの早使によって事件の一報を聞き、大いに気遣いし、まず西郷自身が短銃に弾を込めて、私を伏見まで助けに来ようとしてくれたことです。しかしこれは藩邸の人たちに押しとどめられました。（この西郷に代わって）京都留守居役の吉井幸輔が馬に乗り、護衛する兵士六十人ばかり引き連れて、伏見まで私を迎えに来てくれました。この時（私たちを伏見から京都の薩摩藩邸まで移送した際）には、（周囲で監視する）伏見奉行所の役人たちから「討ち取れ！」などと罵る声が上がったのですが、幕府と薩摩との大乱（全面戦争）に及ぶ可能性もあったので、奉行所は全く手を出せず、そのまま無事に京まで移動することが出来ました。実に痛快な出来事でした。私はそれから少々手が

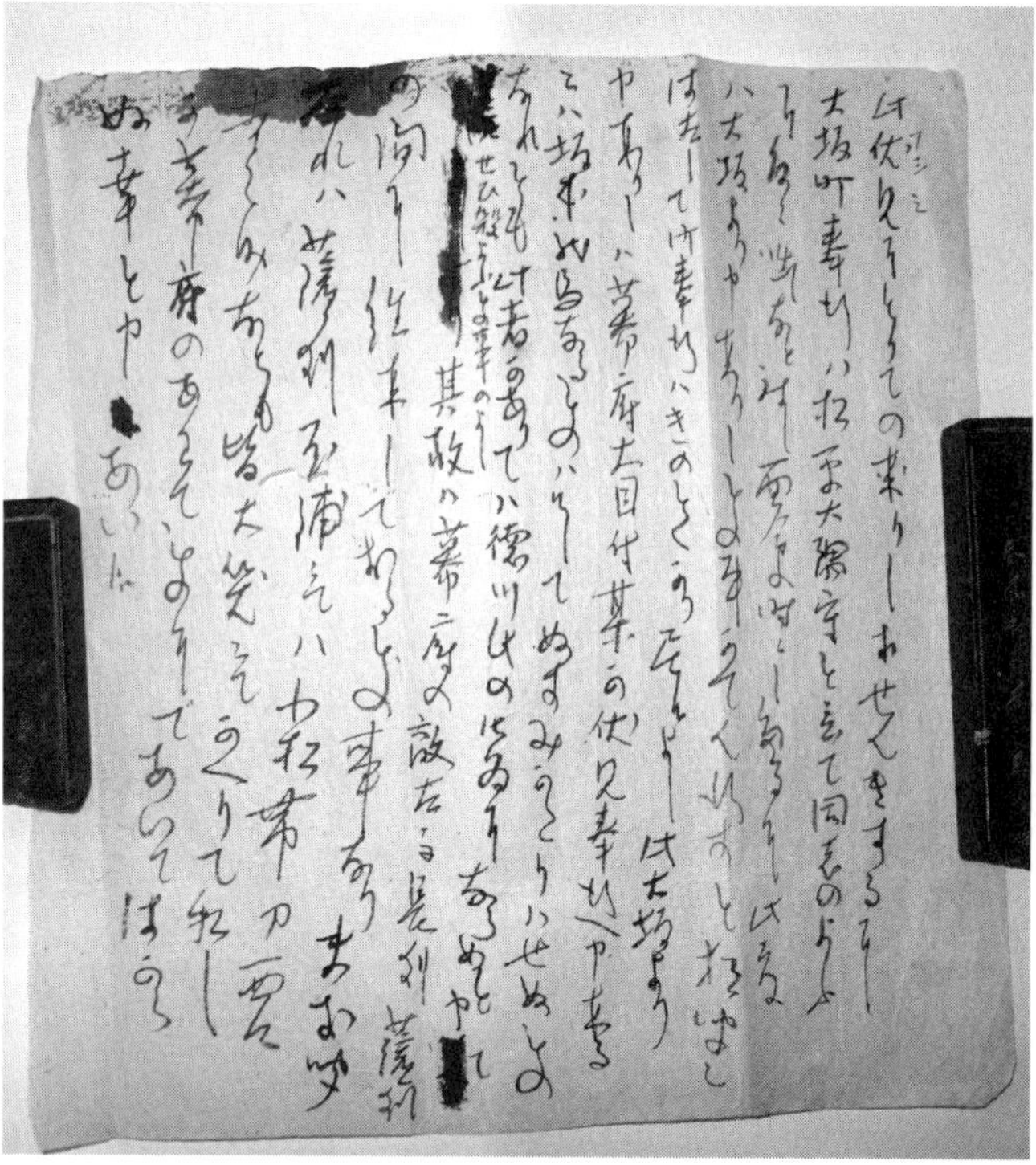

「坂本龍馬書簡、慶応二年十二月四日 坂本権平・家族一同宛(部分)」(高知県立坂本龍馬記念館蔵)　後半部に『…薩州屋敷ニてハ小松帯刀、西郷吉之助なとも皆大笑ニて…』とある。(旧所蔵者宅で筆者撮影)

不自由にはなりましたが、この時は一生の晴れ舞台に上がったような気持ちでした。」

筆者が『全書簡現代語訳　坂本龍馬からの手紙』（教育評論社、平成二十四年）を書いた段階では龍馬や小松や西郷が伏見での遭難事件のことをなぜ「大笑い」したのかがが良く分からず、「理由は不分明」と脚注に付けている。龍馬自身も危うく死にそうだったにもかかわらずかえって喜んでいるのだ。いったいそこにどんな理由があるのだろうか。

薩長同盟に果たした龍馬の役割

平成二十八年（二〇一六）は薩長同盟締結から百五十年ということで様々な展覧会があり、図録の論考を読む機会も多々あった。そこでは主に桂小五郎（木戸孝允）が龍馬あての書状（宮内庁書陵部蔵）に記した六箇条の内容が「討幕の意味を含むか否か」という観点で議論が進められ、その多くは、「討幕の同盟」ではないということであった。また坂本龍馬の関与を少なく見積るものであった。

しかしながら筆者の思うところは、薩長同盟の成立をいくら小さく評価したところで、明治維新から明治・大正時代（極論すれば昭和二十年の敗戦まで）において薩長出身者が日本の中枢を占めていた実態までを低く評価することは出来ないはずだ。明治時代の総理大臣で薩長出身者でない者が何人いたのか。その源泉が慶応元（一八六五）～二年に成立した薩長同盟に起源することは否定出来ないだろう。きっかけが小さくても、目的がなんであったとしても、のちの日本史を見れば七十年以上も多大な影響を与え続けたことは明白だ。平成二十九年（二〇一七）現在の内閣総理大臣も由来は長州閥なのだ。

坂本龍馬が薩長同盟に果たした意義を当時生きていた関係者の言で見てみよう。筆者がよく引用するのは日露戦争勝利の翌年、明治三十九年（一九〇六）十一月に東山の霊山墓地で開催された「坂本・中岡両士四十年祭」に参列してその代表者として墓前で祭文を読んだ大山巌（薩摩人・日露戦争では満州軍総司令官・幕末当時は大山弥助）の文章である。祭文は日出新聞に掲載されている。

「頭を回せば幕府の末路、外交事起こり、国威振るわず、諸藩有志の士東奔西走、王事に鞅掌《おうしょう》す。なかんずく坂本龍馬、中岡慎太郎の二君は最も大義を明にして国勢を挽回せん事を計りわが薩藩諸先輩と交際特に浅からざりし。

しかして坂本君の寺田屋に寓するや一夕突然兇徒の乱入に逢い、格闘瘡を蒙る時に、予が亡兄彦八伏見の藩邸に在り、依て君を迎へ之を保護せり。後幾くならずして二君は共に京師に入り、不幸共に奇禍を罹り、志を斎して地下に入る。何の憾《うらみ》か之に加えん。

想うに大政維新の基する所、二君が長藩諸老とわが薩藩諸先輩との間に周旋力を尽くし、その疑念を氷釈し、二藩協同国事に努るに至らしめたるの労に依らずんばあらず。

今ここに二君四十年の祭事にあたり、当時勇壮活発の風采、今目前にあるが如し。ここに一言追慕の意を表す。

明治三十九年十一月十五日　元帥陸軍大将侯爵　大山　巌」

大山巌は軍人であって歴史家ではない。龍馬に会ったことがあり、幕末〜明治時代を薩摩人の代表格として生きてきた人物である。大山の評価に意図的な事実の隠蔽や改竄や特定の価値観の付与があるわけもなかろう。薩摩人の素直な気持ちだ。

坂本龍馬が後世高く評価されてきた理由の大きなところは薩長藩閥政治に対して「薩長が手を組んで日本を牛耳るようになったのは土佐の坂本龍馬のおかげではないか。それを忘れたか」というところから起こる事であり、薩長閥の影響をよく知っていた時代（昭和前半まで）の産物である。一方、坂本龍馬の活動の意義を「実は大したことはない」などという意見はこの薩長閥が日本を掌握し続けたことをすっかり忘れ、幕末史だけを読んでいる現代人の意見ではないだろうか。

スパイの時代

『土佐藩京都藩邸史料』をご存知であろうか。河原町にあった土佐藩屋敷の関係史料だ。京都国立博物館での特別展覧会「没後一五〇年　坂本龍馬」（平成二十八年）では高知県立坂本龍馬記念館から数点の文書を借りて展示した。「野老山《ところやま》吾吉（郎）供述調書」（池田屋騒動関係記録）や伏見奉行所報告書（龍馬を取り逃がした一件）など見た目は地味だがまことに貴重な記録の数々である。文久から慶応年間にかけての数百点の史料の主要な部分は探索書や風聞書など「情報」にかかわるものだ。京都から長州まで探索方を派遣して長州藩内において活動する脱藩土佐人に接触し、その動静を探っている。残された資料は京都で清書され高知の藩庁に送られたものの下書きの類である。すなわち幕末における京都藩邸の主要な業務は京都の政治情勢・他藩の考えや動静・京都での事件の記録・多方面への積極的な情報収集であり、それを分析して国許へ送り、藩の運営のかじ取りを誤らないようにするというものであった。これは土佐藩だけでなく、日本中の諸藩が優秀な人材を京都藩邸に派遣し、諸藩の士と交わって情報収集と分析をおこなっていたのだ（祇園などで会合していた。土佐藩京都藩邸史料には他藩の人間と呑んだ際の料亭の勘定書もある。割勘だ）。

ここで宇和島藩の情報係を務めていた中井弘（薩摩藩脱藩）が慶応二年二月三日に国許の

宇和島藩家老松根図書《ずしょ》に知らせた書簡の一部、伏見寺田屋の龍馬遭難の一件に関する文章を見てみよう。

「先廿三夜、於伏見船問屋寺田屋におひて土藩坂本龍馬並長人某等一泊之処、伏水奉行林肥後守手ヨリ与力同心七八十人刀剣を以取圍ミ候所、坂本直ニ少茂不動、六眼銃を放ち掛、寄手少々退き候を見すまし、屋根を傳ふて逃去り申候。尤兼而良馬之婦人寺田やニ召置候を召連、三人共ニ行方不知相成候事。幕吏四五人即死。壱人龍馬と接戦いたし、良馬ニ手を負せ候付、御扶持米貳拾俵御褒美有之候事。坂元行衛不相分、依而薩邸江潜居いたし候哉の風聞にて候。」（宇和島・吉田旧記第七輯『松根図書関係文書』平成十一年）

現代語訳で示せば、

「先月の二十三日夜、伏見の船問屋寺田屋において土佐の坂本龍馬ならびに長州人某らが一泊のところ、伏見奉行林肥後守の配下である与力同心ら七八十人が刀剣をもって宿を取り囲んだ。坂本は直ちに、少しも動じず六眼銃を発射して応戦し、寄手が少々退いたところを見すまして屋根を伝って逃げ去ったという。龍馬の婦人で以前からこの寺田屋に置いておいた女性を連れて、三人ともに行方不明になったとのこと。この事件の際、幕吏四五人が即死。また幕吏のひとりが龍馬と接戦し手傷を負わせたということで、御扶持米二十俵の褒美があったとのこと。坂本の行方は分からないが、薩摩藩邸に潜伏しているとの風聞である」

宇和島藩の情報係が京都で起きた事件に目を配っていた一例である。中井は薩長連携の動きは記していないが、長州藩の桂が入京していたことも手紙に併記している。

中井弘に限らず京都に派遣されていた諸藩の情報係は慶応二年一月下旬の伏見での奉行所と薩摩藩とのイザコザ（大乱の寸前）をその目で見ていたはずだ。龍馬と薩摩藩と伏見奉行所（幕府）だけが事件の当事者ではない。伏見薩摩屋敷を囲む野次馬の中に諸藩の情報係も多数紛れ込んでいたと推測される。

二月になって薩摩藩が京都から六十名もの兵士まで繰り出して寺田屋から脱出した土州浪人坂本某と長州人某を伏見から京都へ護送した騒ぎを目撃した情報係たちは、おそらく数日後、祇園の料亭に集まって見てきたことの情報交換と分析をおこなったのではなかろうか。そして彼らが導きだした結論は「薩摩藩は幕府を見限って、長州藩とくっつこうとしている」という恐るべきものだった。

薩長同盟の研究は桂が龍馬に出して盟約内容の確認を求めた慶応二年一月二十三日付の

書簡（龍馬の朱書裏書あり、宮内庁書陵部蔵）の六箇条の内容とその時期の京都情勢や長州藩の置かれた立場などから研究する観点が主流であるのだが、それは薩長同盟の本質の半分しか見ていないとあえて言いたい。では残りの半分とは何か。それは幕府や諸藩はこの伏見での坂本龍馬救出騒動をきっかけに「薩摩藩と長州藩とが連携しようとしている事を知ってしまった」という点にある。薩長同盟はすぐさま「天下公然の秘密」（百姓町人には無関係だが）となったのだ。

薩長連携の情報は慶応二年二月の段階で京都の情報係から国許の藩庁に証拠（伏見の一件）を添えて一斉に通報されたであろう。その書簡には薩摩藩と長州藩とが結んだ「六箇条の約定」の詳細を書く必要はない。「薩長はデキている」という一点で十分だ。それを前提に藩は幕府からの征長命令などを判断すべきなのだ。その後に薩摩藩が幕府の第二次征長命令を拒否したことも考えあわせればこの京都からの情報の信憑性も高まったはずだ。諸藩重役には「このまま幕府の言うことを素直に聞いていては先々マズいことになるのではないか」との気分が広がったであろう。この雰囲気は幕府軍を迎え撃つ立場の長州藩にとっては良い傾向である。

なぜ「大笑い」したのか

ここで京都二本松の薩摩藩邸に匿われた坂本龍馬と小松帯刀・西郷吉之助が「大笑い」した理由に戻ってみよう。どこが笑えるポイントなのだろうか。まず龍馬を救出して庇護した薩摩藩としては「薩長同盟の秘密を握っている龍馬を幕府の手に渡してはならない。拷問で口を割るかもしれないから」なのだろうか。しかし龍馬の書類は寺田屋で押収されている（登勢《とせ》の手紙や奉行所報告による）ので、すでに薩長同盟の中身は幕府に探知されたはずだ。では薩摩藩が龍馬を見殺しにせず積極的に庇護したのは「人道的に助けようとした」だけなのだろうか。その真意は分かりかねるが、救出劇の結果は「薩摩藩は坂本龍馬を助けるために公然と幕府と敵対したという事実」を広く世間に示したのだ。

一月二十一日の薩長交渉の場で合意文書を取り交わさなかったために桂小五郎は交渉内容の確認を龍馬に求めたわけだが、意地悪な見方をすれば薩摩藩はあとでこの盟約を無かったことにも出来たはずだ。しかし龍馬を伏見で助けてしまったことにより薩摩藩は長州藩と共同して幕府と敵対する方向に進路を定めたのだ。その先には皇威回復（倒幕）があるはずである。これは龍馬の思うつぼであった。交渉に立ち会ったこと以上に寺田屋で襲われたことによって薩摩藩と幕府との関係を分断し、長州藩との連携に向かわせたのだ。

仮に龍馬が寺田屋で襲われず、三吉慎蔵と長府に帰っていたら、ひょっとすると薩摩藩は長州藩との盟約を反故にしたかもしれない。それは征長を目指す幕府側に有利となるはずだ。しかし龍馬が寺田屋で「幕府のあわて者に出会って」薩長同盟、特に長州藩にとっては「はからぬ幸い」だったのだ。自分が襲われたことが及ぼす甚大な影響を龍馬自身が一番よく分かっていたようだ。伏見から京都へ護送される駕籠の中で奉行所役人らが「討ち取れ!」などと大声で罵るのを聞きながら「これで薩摩藩は長州藩に付くことが確実になったわい。それに薩長連携の良い宣伝にもなったはずだ」と大怪我をしていたにもかかわらず良い気分となり「一生のはれにて在之候」(苦労してきた甲斐があったなあ。俺って今、歴史の主役?)と思ったのである。

京都の薩摩藩邸で龍馬は怪我をした手を見せながら「西郷さん、これで薩摩藩も後戻り出来なくなりましたよね。覚悟は決まりましたか?」と言うと西郷は「ご存知のとおり藩内には反対する者もいたのだが、坂本さんを助けに行ったことで幕府や諸藩の方が先に知ってしまったらしい。どうやら我が藩は坂本さんの考えた筋書きにまんまとはまったようですな」。小松は「坂本さんはひょっとして奉行所に襲われるために寺田屋に戻ったのではないでしょうね?」。龍馬は「偶然ですよ。偶然。さすがの俺もそこまでの悪だくみはしませんよ。ワハハハハ」(全員大笑い)という感じではなかっただろうか。

結論は「坂本龍馬は伏見寺田屋で襲われて良かった」のだ。薩長同盟ははからずも幕府・諸藩の知るところとなり、薩摩藩の肚を固めさせ、その後の歴史の方向性を定めたのである。

（追記）

この文章は平成二十九年（二〇一七）四月段階の認識だが、その年の九月には「偶然（はからずも）だが襲われて良かった」から進んで「それはすべて偶然なのか？」と考えてみた。そこで出来たのが次の「龍馬の秘密のたくらみ」である。慶応二年一月二十三日深夜（二十四日未明）に伏見寺田屋で龍馬は伏見奉行所捕吏に不注意にも薩長同盟に関する書簡を奪われているが、それは全くの不注意・偶然だったのだろうか？という問題である。一歩踏み込んで考えてみれば、そこに見えてくる景色はこれまでと全く違うものだ。さて本当のところは如何？

龍馬の秘密のたくらみ――寺田屋遭難事件の裏側――

読者の皆さんも現在、何かをたくらんで生きているはずだ。それと同様に龍馬もたくらんでいたとは思えないだろうか？　歴史上の人物だけはピュアなのだろうか？

本稿は平成二十九年（二〇一七）九月に鳥取藩の記録に寺田屋で押収された龍馬の手紙の内容が記載されていたことが見つかったとの報道を受けて思いついたことだ。慶応二年（一八六六）一月下旬の坂本龍馬の行動とその意図を考えながら薩長同盟を龍馬目線で考えてみるものである。従来とは大いに異なる見解なので驚かずに読んでいただきたい。

薩長同盟への龍馬の貢献

薩長同盟における龍馬の貢献については前掲の「龍馬は寺田屋で襲われて良かった」で記したが、本稿はそれを深化させたものだ。「襲われて良かった」でも観点整理をおこなったが、そこでは「薩長間の対話融和の促進と交渉の席に同席」（慶応元年〈一八六五〉前半から慶応二年一月二十一日の小松屋敷での薩長交渉の立ち会いまで）という側面と、慶応二年一月二十四日未明、寺田屋で伏見奉行所捕吏に襲撃され、命からがら逃げだして伏見にある薩摩屋敷に匿われ、さらには奉行所側と薩摩藩が龍馬の身柄引き渡しをめぐって一触即発の大騒ぎをしたことにより幕府と諸藩は「薩長連携の動きを知ってしまった」という宣伝広報の側面がある、という二面から検討した。それに加えて本稿ではもう一つの重要な観点を提示したい。それは「薩摩藩と幕府との離反を図ること」である。時間で示せば一月二十二～二十三日に龍馬は何を考えていたのかだ。

慶応二年一月二十一日が薩摩の西郷吉之助と長州の桂小五郎との会議日である。この日を薩長同盟の締結日とするのが一般的だが、そうなのだろうか？　西郷─桂会談の中身は桂が龍馬に交渉内容の確認を求めた慶応二年一月二十三日付の書簡（宮内庁書陵部蔵）に明らかだ。すなわち両藩の合意内容を桂が書面にして龍馬に確認と裏書を求めたものだ。桂は西郷から「この西郷を信用してください。口約束ですが、長州の京都復権を薩摩は必ず手伝います」と聞いたはずだ。しかし公式書面の交換を拒否して、あくまでも口約束にこだわった西郷・小松の態度に桂小五郎は憂慮したはずである。萩に戻って藩主に見せるべき西郷の署名入りの「合意文書」を持ち帰れないからだ。龍馬に内容の確認を求めた理由がここにある。

会談に同席していた龍馬も「？」と思っていたはずだ。なぜ薩摩は口約束にこだわって、文書の交換をおこなわないのか？　薩摩はこの同盟にどこまで本気なのか？　あるいは将来長州を裏切ったりはしないのか？　薩長同盟を会津藩から見れば薩摩藩の裏切り行為なのだ。桂が心配性なだけではない。長州を助けることが目的の龍馬も桂と同様に不安に思っていたに違いない。

薩摩藩はこの薩長連携を本気で考えているのか？という疑問が浮かび上がるが、西郷の態度の裏側には、国許の鹿児島に強硬な同盟反対派がいるというような事情で、京都の西郷・小松だけでは決断調印（文書交換）出来ない状況があったのであろう。

龍馬の策略

ここで仲介者の立場である龍馬が何を考えていたかを筆者が想像するに「はっきりしない薩摩藩を長州藩との同盟に本気にさせるためにはもうひと押しが必要だ。そのためにはあえてこの時期に薩長交渉の現状に関する情報を幕府側に流した方が良いのではないか」という判断だ。薩長交渉の中身を幕府にリークして、それにより幕府が薩摩藩を敵視するようになれば薩摩藩は自然と長州藩との同盟に本気になるのではないかという見通しだ。薩摩藩と幕府との離反策である。

龍馬が京都所司代と接触するのは露骨だが、定宿の寺田屋に戻れば伏見奉行所も遠くない。いつも奉行所や新選組が目を光らせ、度々捜索にやってくる船宿だ。この寺田屋に「文書を置き忘れれば」幕吏あるいは新選組に「押収される」という形で情報をそちら側へ流すことが出来ると考えたのではなかろうか。

桂に合意文書を渡さなかった西郷は龍馬に対しても「この薩長交渉は重大事なので坂本さんも今はこころの内に秘めておいていただきたい（記録するな・発言するな）」と釘を刺したはずだ。記録があるのかないのかきわどい段階だ。ここで龍馬は交渉の現状を今は秘密にしておきたい薩摩藩の意に反して、交渉内容をひそかに文書化して寺田屋で幕府方に押収させるべく、一月二十三日夜に三吉慎蔵が待っているからという理由で（漫画『お～い！竜馬』ではおりょうに会いたいのが理由で）ひとりで寺田屋に戻ったのではなかろうか。

この、ひとりで伏見に戻ったのも不審である。龍馬は薩摩藩の護衛が必要な段階にいる。三吉慎蔵に会いたいのならば薩摩藩士数名に自筆の手紙を持たせて寺田屋に派遣し、三吉の護衛をしながら京都二本松の薩摩藩邸まで来てもらった方が安全だ。さらに龍馬も交渉状況を秘密にしておきたかったのなら文書化しない方がよい。文書にすれば露見する可能性が高まる（実際、寺田屋で文書は押収されてしまった）。さらに何もなければ龍馬の書いた文書が三吉を通じて長府へもたらされることになるが、桂が手ぶらなのになぜ三吉が持って帰るのか。龍馬は薩摩藩士の目の届かない伏見寺田屋で何事かを成そうとしていたのではなかろうか。

一月二十四日未明、偶然なのか必然なのか伏見奉行所の捕吏が寺田屋を囲んで龍馬を捕縛しようとした（密偵が京都からあとをつけてきたか、寺田屋に入るところを奉行所密偵に見つかったか。さすがにその夜に襲われることは龍馬のシナリオにはなかったはず。来るのが半日早かった感じか。ここは「はからずも」である）。その顚末は皆様ご存知のとおりだが、寺田屋に残された文書に関していくつか史料がある。

寺田屋登勢が龍馬に出した手紙（写のみ）に記述がある。その一部を現代語訳で記すと、

「（前略）二階からは今にも床が抜け落ちるような大きな音がして、また鉄砲を射つ音も聞こえてきて「やれやれ怖いこと」とは恐れながらも、外から見ていると、捕方どもは皆々逃げ出てきたり、二階から転落したりとさんざんな様子でした。

その混乱に紛れてその女（登勢自身のこと）が家の中に入って見れば、もう二人は居らず、二階から煙が上がっていました。怖さも忘れて二階に上がってみると布団が燃えていたのです。それからどうにかしてふたりの証拠の品（手紙などの遺留品）を隠そうとしたのですが、うまく行かず。そうするうちに二階にはもうそのふたりが居ないことが分かり、捕方が屋内をさんざんに捜索しました。その時、その女もこんな残念なことはないと思ってもどうする

ことも出来ませんでした。（後略）」（慶応二年春頃）

この文章からは伏見奉行所の捜索から文書を押収されたくないという登勢の気持ちが伝わる。素直に読めば龍馬の遺留品が重要で「意に反して奉行所に取られたことを大変に悔やんでいる」ように書かれている。しかしそれを文面どおりに読んで良いものだろうかと筆者は今思っている。もしも龍馬が「薩長交渉を記した文書を幕府方に押収させる策略」をめぐらせていたならば、お登勢さんにはその目的を打ち明けたうえで、重要な役どころを果たしてもらわねばならない。

その作戦内容を想像するに「明日の朝には三吉さんと京都に向かうが、私たちが去ったあと、きっと新選組か奉行所がこの寺田屋に捜索に来るはずなので、この書面をわざと見つかるようにして敵方に押収させてほしい。二階の押し入れに置いておくが、捜索の際に、お登勢さんのひと芝居が必要だ。『あれ！　その書状だけは持って行かないで下さい』などと必死で取られたくないフリをして欲しいのだ。そうすると相手はこれが重要な文書であることを理解するだろうし、薩摩藩にも言い訳がたつ。さらにはこの手紙が幕府方に渡ったかどうか、あとでこっそり知らせてほしい。これこそが長州を助ける秘策なのだ」。

登勢が手紙に書いた「証拠の品を奪われてしまい残念です」の本当の意味は「龍馬さん

の指示どおり手紙は奉行所に持っていってもらいましたよ。これで作戦成功ですね」ではなかろうか。登勢が龍馬の怪我の心配を少しも手紙に書いていないのに、証拠の品（書面）が押収されたことをわざわざ書いたことについて筆者は以前から引っかかっていたのだが、そういう意味だったのではなかろうか。

龍馬と登勢の往復書簡を読めば「血ノ薬ご存知（登勢）」からの手紙（五七頁）に「取巻の抜六《ぬけ》」で答える龍馬の様子からして想像以上に気脈を通じ合わせていたふたりの関係が推察される。このような秘密裡の打ち合わせがあった可能性はあるように思う。どうやらお登勢さんもグルだったのだ。

押収された書状

近年現れた土佐藩邸史料には伏見奉行所報告として龍馬の書状を押収したことが記されている（伏見奉行所報告の第一報。慶応二年一月二十四日に書かれたものの写。高知県立坂本龍馬記念館蔵）。京都国立博物館での特別展『没後一五〇年　坂本龍馬』（平成二十八年）で展示したので図録を参照いただきたい。龍馬を捕り逃がした伏見奉行所の者が京都所司代桑名藩の関係者へ送った報告書の写である。内容は、「坂本龍馬所持の書類を写したので差し上げます。然るべく取り扱い下さい」（「坂本龍馬所持書類写取差上候。可然御取斗奉願候」）

二十四日昼の報告である。ここでは「坂本龍馬所持書類」が押収されその写が拡散していることが分かる。

さらに平成二十九年（二〇一七）に下関市立歴史博物館の田中洋一氏が鳥取県立博物館所蔵の鳥取藩史料の中に見つけた記述も面白い。

「先般申上候薩人云々之次第全躰土州脱藩ニ而、当時薩え入り込長州え之往来致し居申坂本龍馬と申者、去月廿四日に当地出立、伏見寺田屋と申旅籠屋へ一泊致し候処を被召捕掛候得共、漸々切抜ケ出、同処薩邸え逃ケ込居申趣。尤荷物等は其侭右宿へ有之ニ付、取調候処格別之品ハ無之候得とも、只今迄長人え掛合等之書面段々有之、此度寛大之御処置ニ相成り候共、決而御請は致間敷、却而嘆願ニ託し、多人数上京致候得者、其節は急度相応し、会を追退事之周旋は可致と長人え之返事等も所持致し居申候趣、既ニ其節召連居候家来は長人之徒ニ御座候」

現代語風に訳すと、

「先般申上げました薩摩人の（動向）云々の次第ですが、全体、土佐藩脱藩者で今は薩摩藩に入り込み、長州藩へも往来している坂本龍馬と申す者が先月二十四日に当地（京都）を出立し、伏見の寺田屋という旅籠屋に一泊していたところを（奉行所捕吏に）召しとられかけたが、漸く切抜け宿屋を出て伏見の薩摩屋敷へ逃げ込んだとのこと。しかし荷物等はそのまま宿に残されたままで、取り調べたところ格別重要な品物は無かったのだが、最近まで（薩摩藩が）長州人（桂ら）へ交渉した内容の書面がいくつかあった。（その内容は）今度（朝廷の長州藩への）寛大な処置になったとしても、長州藩は決してそれを請け入れず、かえって嘆願と称して多人数（軍兵）を上京させ、その際にはきっと（薩摩藩は）呼応して会（会津藩）を追退けることの周旋は致します、との薩摩の長州人への返事なども（龍馬が）所持していたとの内容である。すでにこの事件の際に龍馬が連れていた家来は長州人であった」

長州人は長州処分を決して受け入れず、逆に嘆願と称して再び兵を京都へ進める（禁門の変の再来）つもりであり、その際には薩摩藩は呼応して京都を牛耳る会津藩を追いはらうとの内容だ。薩摩が長州の京都復権に軍事的な手助けをするという内容である。龍馬が寺田屋で奪われた書状の内容の一部が明らかになってきた。貴重な記録だ。

寺田屋で奉行所捕吏の襲撃を受けた際に龍馬がこの「書面」を本気で獲られたくなかったのなら、すぐさま火鉢にくべるか、口に入れて呑み込むか、懐に入れて寺田屋を脱出しなければならない。乱戦は切り抜けたが、文書が獲られては「薩長同盟の機密」が幕府側に知られてしまうではないか。龍馬の手紙（慶応二年十二月四日、坂本権平・家族一同宛、澄心斎写）からはそれを奪われまいとする気配は感じられない。大立ち回りのドサクサに紛れて事態の本質を見失いがちだが、文書が奪われるか否かが重要だ。龍馬が「書面」を寺田屋で敵方に獲らせることを計画していた可能性があるように感じさせる状況だ。また万一、龍馬が寺田屋で捕吏に殺害されても、文書は押収されて薩長同盟の後押しに役立つであろうから、死んでも良いつもりだったのかも知れない。

龍馬の情報戦略

こんな話は信じられないと思われる方も多いと思うが、実は龍馬が情報戦を仕掛けたのはこの寺田屋遭難のときだけではないのだ。慶応三年（一八六七）四月二十八日付、菅野覚兵衛・高松太郎宛の龍馬書簡にはイロハ丸事故の交渉を有利に進めるために「西郷へ送った応接書」を天下に公表する作戦をたてている。書簡の一部（現代語訳）を見ると、

「（前略）土佐藩が伊予大洲藩のイロハ丸を借り受けて、大坂まで急行していたところ、はからずも四月二十三日の夜十一時頃、瀬戸内海の備後鞆《びんごとも》の近辺、箱の岬というところで、紀

州藩船によって真横からイロハ丸は衝突され、こちらの船は沈没しました。そのためにまたこれから長崎へと帰ります。

この事件の決着のためにはいずれ流血の騒ぎも覚悟をしています。この事件後の応接書は西郷まで送っているので、はやくご覧になって下さい。航海日記の写本も送っていますのでご覧下さい。

しかしこの航海日記は長崎での紀州藩側との交渉が済むまでは他人には見せないほうが宜しいと思います。西郷に送った応接書の方は早々と公表して天下の人々の耳に入れてしまえば、自然ひと戦争をする時には、他人をもって我々が有利だと知ってもらえます。

総じて紀州人は我々どもおよび乗客に対して、荷物もなにもかも失ったにもかかわらず、ただ鞆の港に投げ上げて、藩主の用事があるから急ぐと言って長崎へ行ってしまったのです。鞆の港でただ待っておけと申すことでしょうか。紀州藩のやつらを実に怨みに思い、報復しないわけにはいきません。早々頓首

才谷　龍

（慶応三年）四月二十八日

菅野覚兵衛様

高松太郎様　」

これを読むと「航海日記」は隠すが「西郷に送った応接書」の方を公表することによって世論を味方に付ける方が紀州藩との交渉に有利であると龍馬が考えていたことが分かる。現代風に言えば「情報戦略に長けている」と言えよう。寺田屋遭難のときもそれを意識してたくらんだという筆者の仮説も信憑性が増してこないだろうか。

寺田屋で押収された龍馬の「書面」は現代の我々も読みたいが（鳥取藩史料のような概要ではなく、もっと正確な写がいずれどこかからでてくると思う）、慶応二年当時の政治にかかわった者たちは全員読みたいものではなかっただろうか。鳥取藩のみならず諸藩で内容が筆写されたはずだ。

勝海舟はこの薩長同盟成立の情報を慶応二年の二月一日に「海舟日記」に記している。その一部は「聞く。薩、長と結びたりと云う事、実成るか。（中略）又聞く。坂龍（坂本龍馬）、今、長に行きて是等の扱いを成すかと。左もこれあるべくと思わる」である。一月二十一日の京都での薩長会談を受けてだが、二月一日に勝先生が江戸で日記に記すとは驚くべきはやさだ。京都所司代からの早馬により三日ほどで江戸城に知らせが届いたのであろう。「薩長連合が成ったらしい」というような風説ではなく「薩、長と結びたりと云う」と記していることから、信憑性の高い情報だったのだ。幕府の情報収集能力の高さがとりざたされる場面だが、筆者の想像は寺田屋で押収された龍馬の自筆文書そのものが証拠として江戸城に届けられたのではというものだ。それを読んだ幕閣は驚愕し、以後、薩摩藩に対して特別厳しい警戒・監視の目が注がれるようになるはずである。それは幕府と薩摩藩の離反作戦の成功を意味する。その先、薩摩藩は幕府と対抗するために必ず長州藩を支援するはずだ。龍馬は文書を奪われて（奪わせて）大成功だったのだ。

薩長同盟の成立日は慶応二年一月二十一日ではなく、寺田屋遭難事件ののち二月一日に龍馬が二本松の薩摩藩邸に収容されて以後、西郷・小松・坂本の三人で一連の事態を総括したあげく「かえりて幕府のあわてものにであいてはからぬ幸いなり」と「大笑い」した段階（もう幕府に知られたからには仕方ないと、薩摩藩が反幕府で肚を固めた段階）をもって実質的に成立したというべきではなかろうか。龍馬が二月五日に桂の書状の裏側に「将来といえども決して変わりません」と朱書したのは一月二十一日の状況のことではなく、寺田屋遭難事件を受け、薩摩藩が肚を決めてようやく書けることなのだ。西郷・小松も龍馬がそう書くことを承認したはずである。このような様々な観点からして龍馬が薩長同盟に果たした役割の評価は高くて当然なのである。

龍馬の口癖が「はからずも」であることを筆者は『全書簡現代語訳　坂本龍馬からの手紙』のあとがきに書いたが、その裏側は「はかりごとをめぐらすこともある」ではなかろうか。龍馬は一流の政治家であり、上手な嘘つき（高邁な目的実現のためには嘘も必要）だったように思う。

筆者担当の博物館での坂本龍馬展も終わり、もう自由に思うことを書いても良い段階に来たと考えているので、相当想像力を膨らませたが、この話が単に歴史小説ではなく、ありそうな話であることはお読みいただいて感じられたと思う。龍馬ファンは寺田屋での奉行所捕吏との乱戦を「龍馬大丈夫？」とついハラハラして見てしまいがちだが、その裏にこのような龍馬のたくらみがあったとしたら、全く違うドラマに見えてこないだろうか。

読者のあなたが今、何事かをたくらんでいるのと同様に龍馬もまた歴史の針を前へ進めるべく「はかりごと」をめぐらせていたはずである。本稿の結論は「龍馬はとても悪いヤツだった（褒め言葉）」なのである。

（追記）

本稿をこうやって発表する筆者のたくらみは「歴史における人為の評価の問題」を問いたいからだ。人間は歴史という大河にただ流されているだけなのか。それとも人は歴史を動かせるのか、という命題の答えが返ってこないものかとの考えからこれを書いたのだ。いかがでしょうか？

シナリオ「寺田屋遭難事件異聞」

以下は筆者が想像をたくましく龍馬とお登勢の会話を芝居仕立てにしてみたものだ。もちろん史実ではない。息抜きに笑って読んでいただければ結構である。

時　　慶応二年一月二十三日（夜八時ごろ）
場所　　伏見寺田屋一階
登場人物　　坂本龍馬・寺田屋登勢・おりょう

（寺田屋の上がり框に暗がりから背の高い坂本龍馬がひとりでのっそり現れる）

おりょう「あれ！　坂本さま。女将さん、坂本さまです」

（お登勢は奥から出てきておりょうを制止する）

お登勢「しっ。西郷さんのお身内。薩摩の西郷伊三郎さまですよ。声が大きい」
龍　馬「いろいろ気を使わせてすまんのう。三吉さんは無事か？」
お登勢「あれから毎日、奉行所のお役人や新選組が見回りに来てますえ。そのたびにひそかに合図をして、押入れの布団の中に隠れていただいております。
龍馬さん、いえ伊三郎さまもいきなりおひとりで戻ってこられて、あぶのうおすえ」
龍　馬「それは分かっちょる。しかし大事な用事があって戻ったのじゃ」
お登勢「二階の三吉さまをお呼びしましょうか？」
龍　馬「いやその前にお登勢さんに話があるのじゃが・・・。
あ、おりょうには風呂の支度を頼みたい。身体が痒くてしかたないのじゃ」
おりょう「分かりました。大急ぎでわかしますえ」
（おりょうは裏へ風呂焚きに向かう。登勢と龍馬は一階の小部屋で話をする）
お登勢「大事なこととはなんでしょう？　怖い顔をしてはりますが・・・。まさか、桂はんと西郷はんとの話し合いがうまくいかなかったのではないでしょうね？」
龍　馬「いや、話の大筋はうまくいったのだが・・」

お登勢「でも何か心配事のありそうなお顔をしてはります」
龍　馬「実は、お登勢さんを大丈夫と見込んで頼み事をしたいのじゃが・・・」
お登勢「龍馬さんからそう言われるのでしたら、なんでも任せておくれなさいまし。
きっとこの日本国のためになることですよね」
龍　馬「有り難い。しかし、ちと危ない橋を渡ることになるのじゃが・・」
お登勢「なんでもおっしゃって下さい」
龍　馬「このわしの目的はお登勢さんも知ってのとおり、勤王の中心である長州藩を滅亡の縁から救い出す事じゃ。土佐出身の同志も長州には大勢居るのじゃ。彼らを助けねば・・・そのためにこの一年はあったと言ってよい。しかしながら、おとといの小松殿の屋敷での会談では、西郷の態度に解せぬところがあったのじゃ。長州を助けるはずの話し合いは、書面の交換をおこなわない、ただの口約束にとどまったのだ」
お登勢「西郷はんはそのような薄情なお人ではありませんよ。義に厚いお方です」
龍　馬「それは分かっちょる。おそらくは国許の鹿児島に長州と結ぶことに反対する石頭が大勢おるのであろう」
お登勢「それでどうされるのですか?」

龍　馬「考えぬいて用意した『秘策』があるので、お登勢さんに協力を求めたいんじゃが・・・」
お登勢「分かりました。なんでもいたしますえ」
龍　馬「心強い・・・しかし、危険を伴うが・・・」
お登勢「女ながら、坂本さまのような『志士』と呼ばれるお人たちをたくさんお世話してまいりました。新しい世の中をつくるのでしたら、多少の危険はかえりみないつもりでおります」
龍　馬「まっこと有り難い。わしの考えた『秘策』とは、薩摩藩と長州藩がこれから連合して国事にあたることを日本国全体に知らせることなのだ」
お登勢「薩摩藩にはよろしいのですか？　西郷はんはまだ長州とのあいだがらを秘密にしておきたいのではないですか？」
龍　馬「そこが肝心なところよ。このわしが四条河原町の街角で『薩摩と長州はこれから仲良くしますぞ』などと大声で叫びたいところじゃが、それはうまくいかぬ。また瓦版屋を呼んで、西郷さんと桂さんが並んで会見を開くという訳にもいかぬ。一番良い方法は、ここに書いた『薩摩—長州会談記録』という書状を伏見奉行所に持っていかせることだ」

お登勢「だんだん見えてきましたえ。坂本さんもお人が悪い。薩摩藩が秘密にしたいところをうまく幕府側に知らせるということですね」

龍　馬「さすがお登勢さん。そこまで分かっていただけるとは・・。幕府が薩摩と長州との深い関係を知れば、薩摩藩はもう幕府の敵ということ。それが分かったならば薩摩はかならず長州を助けるはずじゃ」

お登勢「いやいや、これは西郷はんに知られたらお怒りになりそうですね」

龍　馬「そうではない。かえって西郷さんへの援軍のつもりじゃ。これで西郷さんも鹿児島の石頭共に言い訳が出来よう。ここまで話が進んできたら、もう幕府や諸藩そして国許の鹿児島が長州との深い関係を出来るだけ早くはっきりと知ってもらった方が良いのじゃ」

お登勢「よう分かりました。私は何をすればよろしいのですか?」

龍　馬「明日の朝、早くに三吉さんといっしょに京の二本松の薩摩屋敷に向かうつもりじゃ。その後、必ずまた伏見奉行所の者がこの寺田屋に捜索にやってくるはずだ。現に、先ほどわしのあとをつけて来た者もおる」

お登勢「伏見奉行所の見回りは未の刻頃に定まっております」

龍　馬「そこでこの書状を二階の客室の押入れに見えるように置いておくので、奉行所の役人にうまく獲らせて欲しいのだ」

お登勢　「その書状、夜のうちに奉行所の門の内に投げ入れたらいかがどす？　その方が危険は低いでしょうに」

龍　馬　「それではいかに真実が書いていようとも、奉行所は信用せぬであろう。渡すのではなく、奪わせねばならぬ・・・すなわち『渡されたものは嘘、奪ったものこそが真実』じゃ」

お登勢　「坂本さまは人の気持ちがよく分かっていらっしゃる。ウフフ」

龍　馬　「二階で奉行所が家探しをした際に、お登勢さんには芝居をして欲しい」

お登勢　「芝居は見るもので、やったことはございませんよ」

龍　馬　「奉行所の役人がこの書状を手にした瞬間に『あれ！　その書状だけは持っていかんでおくれやす』などと叫んで役人の袖にすがるのだ。そうするとこの書状が重要な物であることが向こうも分かるだろうし、西郷さんにも言い訳が出来よう。『お登勢さん、奪われないように頑張ったのに』とな」

お登勢　「なかなかの悪い企てですね。でもうまくやりますよ」

龍　馬　「ここで大事なのはこの書状が奉行所側に確実に渡ったかという一点につきる。だからあとで必ずこのわしに書状が奪われたかどうかをひそかに知らせて欲しいのじゃ」

お登勢「分かりました。坂本さんへの手紙には『奪われて申し訳ございません』と書けばよろしいのですね」

龍　馬「さすがはお登勢さん。そのとおりじゃ。このことはわしとお登勢さんだけの秘密じゃ。決して他人にしゃべってはいかん」

お登勢「西郷はんに知られるのが一番いけませんよね。承知しました。この秘密は墓の中までもってまいります」

龍　馬「このはかりごとがうまくいけば、徳川幕府の命運は尽き、日本の歴史は大きく変わるだろう。お登勢さんこそが徳川を倒す一番の功労者というわけじゃ」

お登勢「それは面白うございますね。私たちふたりだけの秘密ですよね。ウフフフ」

（風呂焚きから戻ったおりょうはその様子を見て、いけないものを見たような不審の目を向ける）

―完―

史料で見る寺田屋遭難事件

以下の五件の文章は寺田屋遭難事件に関するもので、ア　坂本龍馬の書簡、イ　寺田屋登勢の書簡、ウ　三吉慎蔵の日記、エ①②　伏見奉行の報告文（第一報・第二報）、オ　坂本龍馬の書簡（草稿）である。いずれも現代語訳である。

これらの読みどころは寺田屋での大立ち回りではあろうが、奪われた書状に注目するならば、龍馬が奪われることになる自筆文書のことについて全く触れていないところ、登勢が龍馬の手傷について心配していないのに証拠の品が奪われたことを悔やんでいること、三吉が書類のことを気にかけた様子が無いこと、である。捕吏の来襲に気付いたおりょうが階下の風呂から裸で注進にかけ上がってきた時点で龍馬は書状を火鉢にくべる時間は充分にあったし、そうすべきであったはずだ。しかしその記述は一切なく、結果として「奪われてしまった」ことを不審に思うべきだ。気が動転して忘れていただけなのだろうか？奉行所捕吏がなぜ龍馬を襲撃してきたかを考えれば「書状の処分」が最初でなければならない。たとえ龍馬が捕縛され、伏見奉行所で拷問を受けても黙否すれば良いだけであるが、書状が奪われては「薩長連携の動かぬ証拠」を幕府は手に入れてしまうではないか。そこがこの事件のポイントなのに・・。オはのちに龍馬が自分で「伏見で取り逃した浪人（私龍馬）の取り落とした書状」と記した部分。でも本当に「取り落とした」のか？

ア、坂本龍馬の書簡【慶応二年十二月四日、坂本権平・家族一同宛、部分（現代語訳）】

一、今年の一月、京都に行きました折には伏見で難に遭いました。次に鹿児島に行き、八月にはまた長崎に出て来ました。

（中略）

一、また別紙の中には女の手紙があります。書いたのは伏見寺田屋の女将お登勢というひとです。このひとは長州藩士や国家に志ある者たちを世話して助けてくれたこともある方で、学問もその辺の男性にはひけをとらぬ者です。その手紙は私が薩摩にいたときに送られてきたもので、ひとつ差し上げます。私の伏見の危難がよく分かります。

（中略）

一、先に申した伏見の難のことです。

これは去る正月二十三日の夜八ツ時半頃（深夜三時頃）のことです。
寺田屋で一緒に泊まっていた三吉慎蔵と話をし、風呂からもあがってそろそろ寝ようかとしていたところ、不思議なことに［この時二階にいたのですが］一階を忍び忍び歩く人の足音と、六尺棒の当たるからからという音が聞こえてきました。その時、以前からお知らせしている婦人［名前は龍。今は私の妻です］が下の勝手の方からかけ上がってきて「ご用心下さい。はからずも敵が襲ってきました。槍を持った人数が階段を登っています」と申しました。

それを聞いて、私も立ち上がり、袴をはこうと思いましたが、隣の部屋に置いていたので間に合わず、着物姿に大小の刀を差し、六連発の短銃を持って、部屋の後ろの腰掛けに座りました。連れの三吉慎蔵は袴をはき、大小を差し、槍を構えてこれも腰掛けに座りました。

間もなくひとりの男が障子を細めに開けて我々の部屋の中を覗きました。見ると腰に大小を差しているので「何者なるや」と問うと、つかつかと部屋の中まで入ってきたので、こちらも直ぐに身構えれば、また引き下がって行きました。隣の部屋もミシミシと物音がするので龍女に命じて、隣の部屋と後ろの部屋のふすまを外させたところ、敵ははやくも十人ほども槍を持って立ち並んでおりました。また盗賊燈《マ》灯《マ》（龕燈《がんどう》）を二つ持ち、また六尺棒を持っている者が左右に立っておりました。

しばらく双方にらみ合いののち、私の方から「如何なる理由で薩摩藩士に無礼を致すのか」と申したところ、敵は口々に「上意なり。座れ。座れ」と罵りながら進んできました。

こちらも三吉慎蔵は槍を中段に構えて立ちました。敵から横を攻撃されると考え、私は三吉氏の左側へ位置を変えました。その時、短銃の撃鉄を起し、十人ほど立ち並んだ槍を持っている敵の一番右側を最初に射ったのですが、その者は後退しました。またその次の敵にも発射しましたが、同じく後ずさりしました。

この間、敵からは槍が突き出されたり、火鉢を投げられたりなど様々に戦いました。こちらも槍をふるって防戦しました。なにぶん狭い室内での戦いなので、実にやかましく、たまりませんでした。

そのときまたひとりを銃で撃ちましたが、弾があたったかは分かりませんでした。そして敵のひとりが障子の陰から進んできて、脇差しで短銃を構えた私の右手の親指の付け根と左手の親指の節と人差し指の本の骨節を斬ったのです。傷は浅手でしたので、そいつに銃口を向けたところまた障子の陰に駆け込みました。前面の敵はなおも迫って来るので、また一発を発射したのですが、これもあたったかどうか分かりません。

この短銃はもともと弾を六発入れることが出来るものですが、この時は五発だけ入れていましたので、残りは実にあと一発限りという状態になり、これは大事に撃たなければと思い、前の敵を見たところ今の一戦ですこしばかり戦意が低下したようでした。

　敵のひとりに、黒色の頭巾を被り、たちつけをはいて、槍を平正眼のように構えて近づいてきて、壁に沿って立った者が居りました（腕がたつように見えました）。それを見つけてまた短銃の撃鉄を起し、慎蔵が槍を構えて立っているその左肩を銃の台座として、敵の胸をよく狙って撃ったところ、急所に命中したらしく、声もあげず、ただ眠るように前のめりに倒れました。

　このときも敵の方は恐れをなしたのか、ドンドンと障子を打ち破るやら、襖を蹴り破るやら、物音をすさまじく立ててはいるのですが、一向にこちらに近づいて来ません。この間に銃に弾を込めようとこのようなものを取り外し、二発までは弾を込めたのですが、先ほど左右の手の指を負傷し、手先が思うように動かせないため、あやまってその弾倉を下に取り落としてしまいました。下を探そうとしても、布団などが引き剥がされているうえに、敵から投げつけられた火鉢の灰なども交じっていて、見つけることが出来ません。

　このときも敵はただドンドンと大きな音を立てているばかりで向かってくる者はおりません。それで短銃を投げ捨て、慎蔵に「銃は捨てた」と言うと、慎蔵は「では敵の中へ突入し、刀で戦いましょう」と言う。それに対して私は「いやいやこの隙に脱出しよう」と言うと、慎蔵も持っていた槍を投げ捨て、後ろ側のはしご段を下りてみれば、敵はただ船宿の店側ばかりを守っており、進んで来る者はいないようでした。

それから船宿の裏側の家の隙間をくぐり、後ろの家の雨戸を打ち破って、その家の中に入ると、その家の者たちは先ほどからの大騒動に驚いて、ねぼけたまま逃げ出したようで、布団などが引きっぱなしでした。まことに気の毒ではありますが、その家の建具もなにも引き倒し、後ろの町に逃げ出そうと試みたのですが、ずいぶんと頑丈な家なのでなかなか壊れません。慎蔵と二人で刀を使って扉を散々に斬り破り、足で踏み破りなどして、ようやく後ろの町に出てみれば、こちら側には捕り方はひとりもいませんでした。

これ幸いと五町ばかりも走って逃げましたが、私は風邪が治りきっておらず、息は切れ、歩むことも難しくなってきました。そのうえ着物は足に絡まってぐずぐずとしているので、これでは敵に追いつかれる心配が出てきました。

「こんな時に私が考えていたことは『男子はすねより下に垂れた着物は着ないほうがいい』ということです。この時の格好は風呂から上がったばかりで浴衣を着、その上から綿入れを着たままで、袴をはく時間はありませんでした」

ついに横町へそれ込んで、土佐の新堀のような材木商の多い場所へ行って、町の水門から這いこんで、その家の裏にある材木の上に登って寝て隠れたのですが、間の悪いことに犬が吠えてじつに困りました。慎蔵と二人でしばらく材木の上に隠れていたのですが、(夜も明けそうなうえに、私は出血していて機敏に動けないため）まずは三吉氏が先に伏見の薩摩屋敷に行って助けを求めてきて欲しいと言いました。それで彼が出て行き、やがて薩摩の人たちとともに私を迎えに来て、薩摩屋敷に入ることが出来ました（助かりました）。もっとも指の傷は浅手とは申しましたが、動脈とやらの傷なので、その翌日も出血が甚だしく、三日間ほどは小便に行くにもめまいが致しました。

この夜、かの龍女も敵の襲撃と同時に戦場である寺田屋から飛び出て、すぐさま薩摩屋敷に急を知らせてくれました。その後はともに京都二本松の薩摩屋敷に引き取られ、現在は一緒に長崎に出て来ております［この頃は、短銃を撃つのがよほど上手になりました］。

（後略）

イ、寺田屋登勢の書簡【慶応二年春頃、坂本龍馬宛、写本（現代語訳）】

さてちょっと他所で聞いた話がありますのでそのまま申し上げます。

ある宿（寺田屋）の内には主人がおらず、後家（私登勢）が居りました。その夜、どういう訳かは知りませんが、夜八ツ頃（深夜二時頃）に風呂に入り、上がってから火鉢の縁に居たところ、宿の表の方から木戸を叩いて「ちょっと頼みます」という声がありました。

深夜に何事かと下男が戸を開けたところ、その後家に「ちょっと表まで出て来て下さい」との申し様。何事かと思って出てみれば、後ろ鉢巻きに抜き身の槍を持ち、おおよそ百人ばかりの捕方がずらっと並んでおりました。まことにびっくりしましたが「何事でございますか」と尋ねたところ「この宿の二階に侍がふたり居るであろう。調べは確かについている。正直に申せ」と言うので、もはや隠し立てすることもできず「おっしゃるとおり二階にいらっしゃいます」と申したところ「今どうしているか」と尋ねてきたので「まだ寝ずにお話をしています」と答えました。そうしたところ捕方の人々は大いに動揺し「どうしよう、こうしよう」など色々恐れ「誰いけ、彼いけ」などその混乱ぶりはあきれるほどでした。

その女が思っていたことは「こんな人たちが何万人捕まえに向かっても、所詮その二人にかなうはずがない」と、心の内では安心して居りました。

それからは家の中には入れず、外で捕まっておりましたところ、大部分の捕り方は宿の中に入ったかと思っていたら、二階からは今にも床が抜け落ちるような大きな音がして、また鉄砲を撃つ音も聞こえてきて「やれやれ怖いこと」とは恐れながらも、外から見ていると、捕方どもは皆々逃げ出てきたり、二階から転落したりとさんざんな様子でした。

その混乱に紛れてその女が家の中に入って見れば、もう二人は居らず、二階から煙が上がっていました。怖さも忘れて二階に上がってみると布団が燃えていたのです。それからどうにかして二人の証拠の品（手紙などの遺留品）を隠そうとしたのですが、うまくいかず（原文は「それからどうぞして品物をかくさんと思ひ候へども思うにまかせず」）。そうするうちに二階にはもうその二人が居ないことが分かり、捕方が屋内をさんざんに捜索しました。その時、その女もこんな残念なことはないと思ってもどうすることも出来ませんでした。

それからその女は幕吏に呼ばれて色々と尋問されたのですが、何も申しませんでした。「お尋ねしたければ薩摩藩の伏見屋敷に聞いて下さい」とだけ言うと「それならよい」ということで、お咎めもなく、以後も商売を続けることが出来ました。これは全くその人（龍馬）にすこしの曇りもないからだと思い、まことに有難いことだと思っております。

そのほかにも面白いお話を漏れ聞きましたが書くことが出来ず、お目にかかったうえで宜しくお話申し上げます。繰り返しますが、こちらへよき便りを下さい。お待ちしています。これだけを楽しみに暮らしております。かしくかしく

当家、藤印よりもくれぐれも宜しくお便り申し上げます。　　　　かしく

　　　　　　　　　　　　　　　　血ノ薬ご存知（登勢）より

龍馬様　御元へ

ウ、三吉慎蔵の日記【慶応二年、三吉慎蔵筆『三吉慎蔵日記』、部分（現代語訳）】

慶応二年一月二十三日夜

京都からは坂本氏だけが寺田屋に戻ってきました。（中略）夜半まで坂本氏から京都の様子を聞きました。先日二十一日に桂小五郎と西郷との談判が決着した次第を詳しく坂本氏から聞き、明日二十四日には伏見を出て京都に入り、薩摩藩邸へ二人で一緒に行くことと決めました。

これで王道回復の道筋は定まったと喜び、一献酌み交わす用意をし、懇談が終わって夜半の八ツ時に至った時、坂本氏の妾（お龍）が二階下から走り上がって「店口の方から捕縛吏が入り込みました」と告げました。直ちに用意の短銃を坂本氏へ手渡し、拙者は手槍を伏せて戦う覚悟をいたしました。

この時、ひとりの侍が刀を携えてわれらの部屋へ入り「不審の儀之あり。尋問いたす」と案内もなく押し入ってきたのです。こちらは「いったい誰が薩摩藩士の宿に無礼をいたすのか」と叱れば、彼は「偽名であろう」と言う。「疑うならば伏見の薩摩屋敷まで問い合わせれば明白である」と言えば、先方はまた「二人とも武器を携えているのは如何なる理由か」と問えば「これは武士の常なり」と答えました。その侍は一旦一階へ戻っていきました。この隙に二階の部屋の建具や襖をすべて取り払い、拙者は手槍を構えて坂本氏を後ろにして必死の覚悟を決めました。

たちまち階下から数人の捕方が各々武器を手に「松平肥後守の上意につき、慎み居れ」と声高に叫んできたので、「我らは薩摩藩士なり。肥後守の上意を受けるいわれはない」というのを合図に、かねてはずの覚悟のとおり、一気に短銃と手槍をもって戦闘に入りました。敵に死傷者が出て、一部は階下に逃れました。その際、敵の一人が坂本氏の左脇に接近して刀で短銃をにぎる親指を斬りつけ、坂本氏は負傷。この時私は槍で敵を防いだのですが、坂本氏は短銃の弾倉に弾を込めることが出来なくなったことを告げました。拙者が「このうえは敵に討ち入りましょう」と言えば、坂本氏が私を留めて言うには「敵がひるんでいるこの隙に、宿の裏手に降り、この場を切り抜けて逃げよう」と。

その意に従い、直ちに坂本氏に肩を貸し、裏口の物置を斬り抜け、二つの家の戸締まりしている扉を斬り破り、（破壊の）お詫びの挨拶をして小路に逃れ出て、しばらく二人とも息を休めたのちまた走って逃げました。途中に寺があり、囲いの塀を飛び越そうとしましたが、近傍に多くの探索者がいる様子であり、道を転じて川端に材木の貯蔵所があるのを見つけて、その棚の上に登って隠れました。

二人はそこで種々死生について語り合い「もはや逃げ道はありません。ここで割腹し、敵の手にかかる恥辱を免れましょう」と言うと、坂本氏曰く「もとより死は覚悟の上だ。それより今から君が伏見の薩摩屋敷へ走って助けを呼んで欲しい。もし君が途中で敵に会えば必死。それまでだ。そうなれば僕もまたここで死ぬだけだ。夜明けも近づいてきたので一刻の猶予もない」と。

坂本氏の言葉に従い、直ちに川端に降りて着物に付いた鮮血を洗い、草履を拾って旅人の姿を装い、走って行きました。そのうち伏見の街はすでに店を開くところもあり、これは急がねばと二町あまりも行きました。幸い商人風の人に出会ったので薩摩藩邸のある所を尋ねると、この先一筋路で三町余りだというので、即ち薩邸へと走りつけたのです。

藩邸では留守居役の大山彦八が出迎え「昨夜の様子は坂本氏の妾が注進に来た。行き違いがあってはと心配していたがここに逃げ込めたとは幸いだ。今すぐ坂本氏は無事につれ帰りましょう。三吉氏はこの藩邸にとどまって下さい」と言い残し、大山氏自ら舟に薩摩藩の印を立て、有志三名と舟を動かして、隠れている材木の棚まで行って、坂本氏を迎えて帰ったのです。その帰還に藩邸の一同は歓声を上げたのです。（後略）

エ①、伏見奉行の報告文（第一報）

【伏見奉行所報告（寺田屋の一件）第一報、一通、慶応二年一月二十四日昼頃】

龍馬を捕り逃がした伏見奉行の報告文の写が存在する。龍馬が伏見寺田屋で伏見奉行所の捕吏に襲撃されたのは薩長交渉の直後、慶応二年一月二十三日深夜（二十四日未明）のことだ。その様子は龍馬の手紙などでよく知られていたが、近年現れた土佐藩京都藩邸史料に注目すべき文書があったのだ。伏見奉行所の者が京都所司代桑名藩士へ送った事件の経過報告書を土佐藩の情報係が入手して筆写したものである。現代人だけでなく当時の京都詰の諸藩士がもっとも知りたかった「薩長同盟」の進展具合が伏見寺田屋に残された「坂本龍馬所持書類」の中に書かれていたのだ。写のサイズは縦一五・六センチ。横一二六・二センチ。高知県立坂本龍馬記念館蔵。

（現代語訳）

寸簔を以って申し上げますが、今朝は兵佐衛門が参上し三宅様へ縷々申し上げたところです。坂本龍馬の所持していた書類の写を差し上げます。然るべくお取り扱い下さいますようお願いいたします。

さて今朝より各所を探索いたしましたところ、当地（伏見）村上町材木商近江屋三郎兵衛の材木納屋へ龍馬は手傷を負ったまま立ち入ったようで、この場所に血に染まった羽織や煙草入れ、革籠胴乱などを捨て置いて立ち去っておりました。もっともこの場所の様子をよく見ますと、余程多くの血痕が残されており、多分彼（龍馬）の腕の（動）脈にも傷があるものと思われます。出血具合を考えあわせれば深手と察せられます。そうならば自分では傷の養生は難しいと思われますので決して遠方へは逃げていけないものと見込まれます。自然、得地の方（安全な場所）へ逃げるのは難しいと思われます。自分の得地に向かうなら京二本松の薩摩藩邸に逃げ込む可能性が高いので、すでにその方面には充分警戒せよと命じておりますが、現在のところ見当たっておりません。

○今日の暁に（龍馬が）逃げ去った時は、寺田屋伊助方の二階より屋根へ出て、庭に飛び降り、隣家の戸口を破り外へ出たと伝え聞きました。龍馬の書類の写を差し上げるに合わせてこの段を申し上げました。取込中にて乱筆をお許し下さい。早々以上。

正月二十四日

なおこれまでを以って大坂表引合の御徒目付の高橋清八殿も組の者から申し遣わしました

のでこの段も念のため申し上げます。　以上

エ②、伏見奉行の報告文（第二報）

【伏見奉行所報告（伏見寺田屋の一件）第二報、一通、慶応二年一月二十四日】

伏見奉行所の報告の第二報。二十四日の夜（戌の刻）に書かれた。土佐藩側が桑名藩など諸藩関係者と交際し、このような重要書類を入手筆写出来ていたことが注意される。写のサイズは縦一五・六センチ。横九八・七センチ。高知県立坂本龍馬記念館蔵。

（現代語訳）

急ぎ書状でお知らせいたします。

先刻お伝えいたしました一件（龍馬逃亡の件）、さまざま探索いたしましたところ、やはり当地（伏見）の薩摩屋敷に潜伏していることは間違いありません。

そのようなところ、今朝その薩摩屋敷から京都へ早駕篭が出され、それ故か午後になって徐々に薩摩藩士が伏見に下ってきました。その数はおよそ十四、五人ばかり。みな鉄砲を所持しているとのこと。彼らの存念は（龍馬を）取り逃がしたので、きっと今晩、（奉行所が

龍馬を捕まえるため）薩摩屋敷を囲んでしまう事を恐れての行為と考えます。かつまた龍馬の手傷は余程深手で、重傷ではないかということです。

まずはこのような状況でございますので、とても同藩邸へ押し入って（龍馬を）召取ることは難しく、とりわけ薩摩藩を相手にするとなれば、奉行所の組の者に伏見奉行の林肥後守の手勢を加えても成功するか、なかなか覚束なく、何卒、良策のご処置を伺えますようにとの申しつけの儀がございました。

このような状況ですので薩摩屋敷の方へは遠見の者（見張り）を置き、寄らず触らずの状況にしてあります。現在の状況をお知らせするため是非とも参上してご意向を伺いたいところですが、このような状況にありますのでお伺いすることが難しく、書面をもって申しあげますが、拝顔の上でなければ難しい仰せの儀がございますならば、繰り合わせの上すぐさま参上いたします。とりあえず報告申し上げます。

正月二十四日　　木村嘉七郎
戌ノ　　松本猛馬
上刻頃（夜九時頃）　　田中兵左衛門
木村隼人

岡本作之右衛門様
成瀬杢右衛門様
森弥一右衛門様
三宅弥三右衛門様

オ、坂本龍馬の書簡（草稿）【慶応二年三月、宛先不明（現代語訳）】

幕府のために論ずるならば、近日、幕府の中枢部に内乱が起こり、相疑い、相そしり、益々通じることが出来ないという混乱状態となることでしょう。

今日、実に嘆くべきは伏見で取り逃した浪人（私龍馬）の取り落とした書状を証拠に、朝廷に圧力をかけ、ついには会津人が陽明家（近衛家）をなじり、その公卿様は御立腹されたことがあったと親しく聞き申しました。これは幕府で内乱が生じる根本となるでしょう。

この時期に至って幕府を恨み奉る者があれば、天幸の反間（返ってそのような者の存在が天下の幸いとなる）と申すべきです。

その人［かの浪人の事ですが］は伏見の事件ぐらいでは決して幕府を恨むようなことはいたしません。けれども万一恨むのでしたら幕府が目下のこぶのような憂いのもととなるでしょう。その理由はその浪人は関西の強国とされる藩の君主および諸藩の要路の者と信頼関係をつくっていることです。それはあたかも、氷川先生（勝海舟）が天下の人物と信を通じているのと同様です。

かの長州が芸州の事のようには、今時は絶えて聞かないことです。長州藩へは幕府の事情は通じておりません。長州はただ幕府には騙されない心積もりばかりです。この幕府の事情を長州へ通じさせようと思うならば、右の浪人に命じればたった一日でその事は済みますものを。

今の幕府の勢いを見ますに、かねて議論していたように長州を討伐するには力がなく、また引き上げるといっても正当な理由がたたない状態です。幕府の議論とその処置を見て天下の者、皆笑わない者はおりません。これは必ず近日中に起きるであろうことは今より予想されます。実に言うのもためらわれます。

幕府のために今の勢いをもって論ずるならば、幕府は一大決断して浪華（大坂）から引き上げ、江戸に戻って政治を大いに改め、将軍自ら兵士に下って、日々肝をなめ、この恥を忘れるものかの故事さえ忘れずに居るべきです。今後十年間は関東八ヶ国をもって徳川政権の範囲とするのが良いでしょう。

幕府にとって目下の大不幸は官吏が皆、因循であることです。これまた天下の不幸で・・・

三月・・

時系列の整理

慶応元年末から慶応二年一〜三月の龍馬の時系列を改めて整理しておこう。

慶応元年（一八六五）	
十二月二十七日	長州藩の桂小五郎が品川弥二郎、三好軍太郎（重臣《しげおみ》）らを伴い下関を出発。
十二月二十九日	龍馬は同日の印藤聿《のぶる》あての書簡で、山口の桂小五郎から早く上京するように促され、「私の船は正月二日三日頃出しも可仕か、いまだ不分明なり」と記す。
慶応二年（一八六六）	
一月一日（元日）	印藤聿の引き合わせで長府藩士三吉慎蔵が初めて龍馬に会う（三吉慎蔵日記）。

一月十日	坂本龍馬が三吉慎蔵・池内蔵太・新宮馬之助らと船で下関を出発。
一月十七日	龍馬らは神戸着（手帳摘要）。
一月十八日	大坂で幕臣大久保一翁（忠寛）に面会（三吉慎蔵日記）。龍馬は風邪をひいて薬を飲んだ。
一月十九日	伏見の船宿寺田屋に到着。再び発熱。
一月二十日	三吉慎蔵を寺田屋に残し、龍馬・内蔵太・馬之助はまず小松帯刀の屋敷に桂小五郎らを訪ね、同盟交渉の進捗状況を質した。桂から交渉の停滞を聞いた龍馬らは二本松の薩摩藩邸に西郷を訪ねて、再度の交渉を強く求めた。龍馬と内蔵太らはそのまま二本松の薩摩藩邸に宿泊か。「手帳摘要」には「二本松」とある。夜、龍馬は池内蔵太の家族と姪の春猪へ手紙を書く。
一月二十一日	薩長交渉の本番。薩摩藩による長州支援が協議された。三吉慎蔵日記ではこの日「桂小五郎西郷トノ談判、薩長両藩和解シテ王政復古ヲ企図スルコト」記す。「手帳摘要」には「廿二日、木圭、小、西、三氏会」とあるので会談日を二十二日とする説もある。

一月二十三日	寺田屋に戻った龍馬が深夜（二十四日未明）に伏見奉行所捕吏の襲撃を受けて手傷を負う。寺田屋の裏から隣家を破って三吉と逃走する（薩長交渉にかかわる内容の書状を奉行所に押収される）。
一月二十四日	早朝に薩摩藩士によって龍馬は材木小屋から救出され、伏見の薩摩屋敷に収容される。 それを探知した伏見奉行所は薩摩藩屋敷に龍馬の身柄引き渡しを要求するも薩摩藩は龍馬の存在を否定。薩摩藩は京都から兵士の増援を得て伏見薩摩屋敷の守りを固める。
一月二十五日～一月三十日	龍馬は薩摩屋敷内で手傷の治療を受ける。
二月一日	京都から派遣された薩摩藩吉井幸輔と歩兵六十名ほどに護衛されながら龍馬・三吉慎蔵・おりょうの三人は二本松の薩摩藩邸まで移送される。 屋敷に到着ののち龍馬は小松帯刀・西郷吉之助らと事件全体を総括して「大笑い」する。
三月上旬	京都から大坂に移り、三邦丸で下関・長崎経由で鹿児島へ向かう。
三月三十日	おりょうと高千穂峰に登山。

龍馬が匿われた伏見薩摩屋敷

寺田屋から脱出した坂本龍馬が伏見の薩摩屋敷に収容されたのは一月二十四日の朝方のこと。襲撃の直後、夜明け前におりょうが薩摩屋敷に急を知らせた。龍馬と三吉慎蔵が潜伏していた材木小屋から三吉だけがようやく屋敷にたどり着いて龍馬の居場所を薩摩藩士に伝えたのだ。薩摩藩士が小舟で水路を進み、手傷を負った龍馬を薩摩屋敷に連れ戻ったのである。この間の状況は綱渡りのようなもので、確かに龍馬の生命は危うかった。この伏見の薩摩屋敷こそが龍馬の命が守られる唯一の場所だったのだ。

平成二十九年（二〇一七）春、この伏見に在った薩摩藩伏見屋敷の平面図が出現した（伏見区城南宮寄託）。和紙に墨・彩色の絵図面である。縦九九・四センチ、横一二八・二センチ。天明六年（一七八六）の建築用の絵図面なので慶応二年（一八六六）からは八十年も前の図面であるが、その後の増改築はあるにせよ、基本的な建物配置に大きな変更はなかったものと推定される。現在の住所は伏見区東堺町。今は酒造会社となっている。薩摩屋敷跡を示す石碑も門前に建立されている。寺田屋からは北へ一キロメートル弱の場所にあたる。

図面によると屋敷の東側を北から南に流れる水路に面して道路が前を通り、それに平行して表長屋が連なる形である。水路には橋の絵が描かれているが、下板橋という名で今も同じ場所に架かっている。現在はコンクリート製である。

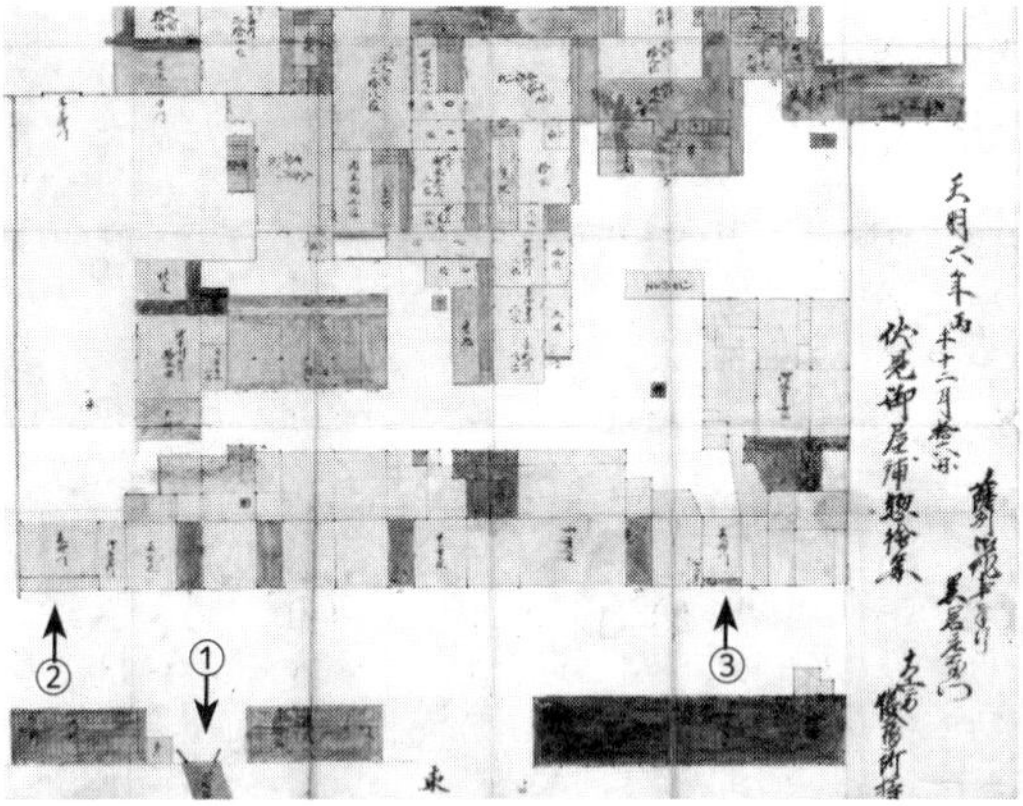

「伏見御屋舗惣絵図（部分）」（城南宮寄託）。右が北。矢印①水路部分に描かれた橋、②表御門、③裏御門

薩摩屋敷の図面には南北に長い表長屋の南端に大きな門があるが、屋敷の主人である島津公が出入りする「表御門」である。表長屋の北側にも小形の門が描かれており、こちらが通用口として普通の藩士の出入りに用いられていた「裏御門」である。もちろん怪我をした坂本龍馬はこの裏御門から屋敷内に担ぎ込まれ、藩士の起居する表長屋あるいはそれに連なる「御仮屋守居所」と記された屋敷地東北角の建物に収容されていただろう。

御仮屋守とはこの薩摩屋敷の管理者という役

職で留守居のような性格であった。龍馬が逃げ込んだ慶応二年一月の御仮屋守は大山巌の実兄大山彦八であったとされる。五千平方メートルを超えるとされるこの広大な伏見薩摩屋敷だが、その中央を占める屋敷建物は島津家の別邸（御仮屋・藩主などが参勤交代の際に短期住むための住居）そのものであり、緊急のこととは言え、坂本龍馬らが匿われるべきではない建物だ。

龍馬・おりょう・三吉慎蔵がこの伏見薩摩屋敷の一角で保護されていたのは一月二十四日から一月三十日までの一週間であり、その間、龍馬の両手の刀傷の医学的治療が施され、おりょうによる介護もおこなわれた。京都二本松の薩摩藩邸からは小銃で武装した薩摩藩士がこの伏見薩摩屋敷に派遣され、厳重な警戒にあたっている。

坂本龍馬がこの伏見薩摩屋敷に収容されたことを探知した伏見奉行所側は京都所司代と連絡をとりながら、寺田屋での役人殺害の下手人である坂本龍馬の身柄引き渡しを薩摩藩側に強く要求したはずだ。しかし大山彦八を代表とする伏見屋敷の薩摩藩士は知らぬ存ぜぬを貫いたとされる。

奉行所側と薩摩藩士との激しいやり取りは屋敷内で傷養生のため臥していた龍馬の耳にも届いていたはずだ。筆者の想像だが、それを聞きながら龍馬が思っていたことは「薩摩藩と奉行所が自分をめぐって一触即発の険悪な状態になって良い具合だ。両者が揉めれば揉めるほど薩摩藩は幕府と手切れして、長州藩と結ぶ事が確実になるだろう。（それに寺田屋で奪われたはずのあの書状の効果もいずれ表われてくることだろう）」という感じではなかっただろうか。

匿われた三人が薩摩藩士吉井幸輔の指揮する洋式歩兵六十名ほどに厳重に護衛されながら駕篭で京都二本松の薩摩藩邸に移されたのは二月一日。龍馬と三吉は駕篭で、おりょうは男装して徒歩で移動したとされる（『千里駒後日譚』）。

一月二十一日の小松帯刀の屋敷での会談が「口約束」にすぎなかった「薩長同盟」ではあったが、いつのまにか確固としたものとなった要因のひとつがこの龍馬の身柄引渡しをめぐる薩摩藩と伏見奉行所（所司代・幕府）との大乱寸前の大騒ぎにあったとするならば、この伏見薩摩屋敷の平面図を見る際にも特別な意味合いが付加されるであろう。慶応二年一月下旬、幕末史の大きな転換点が起こったその場所として興味が尽きない。

（追記）

この伏見の薩摩屋敷の平面図の詳細に関してはご所蔵者の城南宮宮司鳥羽重宏氏の報告文を参照のこと（鳥羽重宏「薩摩藩の伏見屋敷と新出の絵図」、京都龍馬会会報『近時新聞』第三十号～第三十二号）。

薩長同盟の必然性

「坂本龍馬なんて居なくても薩長同盟は出来ていたのだ」などという意見を聞くとムカッとして「龍馬のおかげで薩長は手を結ぶことが出来たのに」などと反発してきたが、一度、坂本や中岡の活動がなくても本当に同盟は出来たのか？　という問題を考えてみたい。「歴史を個人の活動抜きに考えることには反対だ。人間は歴史のあやつり人形じゃない」が筆者の変わらぬ意見だが、「歴史ってそんなもんじゃないですよ」という陣営の立場から見てみよう。

文久三年（一八六三）八月、薩摩藩は京都守護職の会津藩に接近、共同して、過激な尊王攘夷活動をおこなっていた一部の公家と長州藩を京都から追い落とした。翌元治元年（一八六四）七月の禁門の変では長州藩と軍事衝突まで起こして「長州の京都復権を妨げた」のが薩摩藩と会津藩を主力とする幕府軍である。その結果、長州藩は朝敵とされ、第一次征長（西郷が総参謀）で三家老の首を差し出して幕府に恭順した。いわゆる俗論派が一時長州藩の傾向となった。しかし元治元年末の高杉晋作の挙兵に始まる内戦の結果、慶応元年

（一八六五）春には再び過激な尊王攘夷派（正義派）が長州藩を支配することとなった。このような時期に薩摩藩はなにゆえ敵対していた長州藩との接近を考えるようになったのか？「薩長は連合して、幕府抜きの新たな国家を目指さねばならぬ」などと坂本や中岡に説得されたからではないだろう。

長州藩は存亡の危機（自己責任）に立たされているので、口では「薩賊会奸！」などと叫びつつも、心の底から薩摩藩の支援は欲しいところだ。長州藩はその言動が過激すぎて他藩からは敬遠されがちだが、尊攘派の志士らからの支持は絶大だ。では薩摩藩の考えはどうなのか。本心の分かりにくい藩である。

薩摩藩と長州藩がイデオロギーを同一にしているとは思い難い。同じ尊王でも性質が異なる。薩摩藩士で吉田松陰を尊敬している者が居るのかと考えれば分かりやすいかもしれない。長州人は観念論的、薩摩人は現実主義的である。両藩の性格は大いに異なっている。その薩摩が長州との同盟を求めたのは歴史的、地政学的、軍事的な理由であろう。

島津家から見て毛利家はどういう立場か。歴史を遡れば慶長五年（一六〇〇）に関ケ原で両家とも西軍に属してしまい、戦後の冷や飯を喰わされた立場が共通する。毛利家は領地を大幅に削減された。徳川から見れば毛利・島津は西軍の残党であり、仮想敵たる外様大名である。では関ケ原の恨みをはらそうとするために連合の動きとなったのかと言えば、それは無いと思う（ちょっとはある？）。

島津家の対毛利観の基本は関ヶ原よりも前、天正十四（一五八六）～十五年の羽柴秀吉による九州攻めであろう。秀吉が毛利家との連携を図ったために侵攻が可能だったのだ。当時、九州を制覇しようとしていた島津家には大打撃であった。その九州攻めの主要大名が毛利一族の小早川隆景らなのだ。島津家が薩摩大隅（含日向の一部）に閉じ込められた理由は毛利が中央（この場合は秀吉）に付いたからこそ起こったことだ。秀吉は九州攻めののち、対島津のために加藤清正に肥後熊本城を築かせ、豊後岡城を修築させている（両城塞は徳川の時代には何事も無かったが、明治十年〈一八七七〉の西南戦争において意味があった。秀吉の戦略的慧眼がきわだつところだ）。このような歴史を思い出すなら、島津はなんとしても毛利を味方に付けておかねばならない。

慶応元年に戻れば、幕府の長州再征が成功し、毛利が徳川に降参してしまったならば、徳川は島津攻めの先鋒を毛利に命じるのではなかろうか。秀吉だったらそう言いそうだ。戦国時代は私たちより彼らの方が身近だ。そのような危機意識を薩摩人は本能的にもっているものと推測される。薩摩にとって長州は突破されてはならない防衛ラインと言えよう。

京都の政局だけを考えれば、京都守護職の会津藩と連携することに意味があるのだが、薩摩藩と会津藩との連携は軍事的には無意味である。薩摩藩の有事に会津藩が九州まで援軍を送ってくれる可能性は零である。そもそも親藩の会津松平家が外様の島津家を助けるはずがない。西日本に軍事的緊張が高まれば、薩摩藩は味方だったはずの会津藩を捨てて（慶応元年十月、薩摩藩に対して再度の友好、公武合体路線への回帰を平身低頭で求めてきた会津藩士外島機兵衛に対する大久保一蔵の態度があまりにも冷たくて、九州人の筆者も会津藩に同情してしまうほどだ。しかし大久保は冷徹だ）、敵だったはずの長州藩を味方にすることを望むのが当然である。勿論、会津と長州と同時に仲良くすることは出来ない。幕府による長州再征が具体化すると、薩摩藩にも兵を出すことが求められるのだが、それに従っては危ない。自分で自分の首を絞める行為だ。長州が負けたらそのあとは・・という危機感だ。これこそが薩長連合の必然性である。龍馬が居なくても連携は必ず求められたのだ。

慶応二年（一八六六）一月二十一日の薩長会談の結果、「今後、両藩は心をあわせて皇威回復を目標に誠心を尽す」と合意したが、それは見せかけの美辞麗句であり、その本音は「今後、両藩は軍事的連携を図って助け合い、先ずはお互い滅ぼされないようにする。そしていずれは幕府を倒して（そうしないと問題の根本解決にならない。ここまで来たら幕府とまた仲良くすることなど不可能だ）皇威回復を目指す」であろう。

薩長盟約六条の最初の条項にあるように、薩摩藩が長州藩に直接援軍を送るのではなく「上方に兵二千を派遣し」、幕府軍を背後から牽制する方が軍事的には有効な手段だ。

薩長同盟は、京都での朝廷工作や言論による政局的段階から具体的な軍事活動（第二次征長）が顕在化してきた慶応元年になって薩摩藩内にその要求が強まったはずである。

坂本龍馬は対立する二者（表面的にはそう見える）を無理やり結びつけたのではなく、二度も大喧嘩した過去（文久三年八月十八日の政変・元治元年七月の禁門の変）をもつ男女が、本当は一緒になりたい気持ちをお互い強くもっているのに「行きがかり上、つれない態度をとっている状態」から、その本心を見抜いたうえで、結婚へと導いた上手な「仲人」だったとすべきであろう。

長州も薩摩が自分たちを防衛ラインとして利用していることに気付いていたであろう。それでも薩摩の支援は必要だったのだ。薩摩の援助で手に入れた新式小銃で幕府軍に勝ってみせることが長州の存在意義を薩摩と天下に示すことになるはずである。その士気は高い。

慶応二年夏〜秋の第二次長幕戦争が長州側の圧勝に終わったことを受けて、薩摩の大久保一蔵は島津久光を通じて京都の四侯会議などの場で長州藩の処分解除・京都復帰を繰り返し強く主張し続ける。その本音は長州処分を解除し、幕府軍を打ち破った実績をもつ長州軍を京坂に入れたうえで共同した武力行使を可能にする状態をつくることにあった。いくら強力とはいえ薩摩一藩で幕府と戦うのは無理である。

さらに薩摩藩は慶応三年（一八六七）にはともに戦ってくれる味方を求めて芸州藩（広島藩）や土佐藩にも触手を伸ばしている（土佐藩には「もう言論など要らぬ。兵隊を京都へ」と露骨である）。薩長両藩の兵だけで軍事行動するよりも、協力してくれる諸藩を募ることが軍略として重要だ。過去のいきさつにこだわっている場合ではない。幕末を戦国時代だと思えばこんな感じであろう。

（追記）

歴史をどう見るか？　坂本龍馬の個人的功績を細々あげつらうことに反対する研究者も居るだろう。物事は強いか弱いか、得か損か、勝つか負けるか、などによって成り立っていると考えると理解が容易だ。本稿は薩摩が長州を助ける義理もなさそうなのに、あえて同盟に踏み切った理由を時代をさかのぼって考えてみたものだ。京都の小松帯刀の屋敷でおこなわれた薩長交渉の場は「長州を助ける」とは言いつつも「薩摩藩にもメリットがある内容」でなければならない。理想の陰に実利は隠れているものだ。危険な賭けだが薩長が共同して幕府を倒せば日本を半分こ出来るではないか。明治時代には実際にそうなったではないか。

大久保一蔵の戦い

司馬遼太郎の『竜馬がゆく』の一シーンに、薩長同盟成立後、大坂城で幕府老中から長州攻めを求められた薩摩藩の大久保一蔵（利通）が老中からの命令を耳がよく聞こえないふりをして「なんと！ 幕府を討てとの御下命とは。討幕だけは御勘弁を」などとすっとぼけた態度で長州攻めを断固拒絶したという場面があって「面白いなあ」と思いつつもこの話は本当なのか？ などと思っていた。

話の出典をたどれば『維新土佐勤王史』（大正元年）の中に出てくる。慶応二年（一八六六）四月頃の話だ。

「抑も当時未だ戦はざるに、先づ幕軍の気を挫き、天下の志士之を聞き、手を拍て快を呼ばしめたるものは、実に薩藩の大久保が板倉閣老に対して、敢て出兵拒絶の意を表示したる、当頭の一大喝棒にてありしなり。是れ彼の両藩同盟成立以後に於る新潜勢力が、忽ち事機に触れて轟然爆発せるものと知るべし。最初板倉閣老は、大久保を大阪城中に呼び出し、出兵の命を伝へたるに、大久保全く誤聴の状を装ひ、『薩長両藩御追討の儀、正に拝承』と云ふより、板倉驚きて『是れ大久保何を申す。長藩のみ御追討の儀なるぞ』と云ひしも、大久保は聴かざる真似して、其の儘に退出したりと。何ぞ其の閣老共を愚弄するの甚しきや」とある部分だ。

徳川幕府の老中も島津家の家臣（陪臣）ごときに愚弄されて無念だとも思うし、「天下の志士之を聞き、手を拍て快を呼ばしめた」ところも重要だと思われる。薩摩藩はもう幕府の命令を聞かないという宣言だ。徳川の権威もガタ落ちである。

「当頭の一大喝棒」という表現が分かりにくいが「えっ！　薩摩藩は幕府の出兵命令を拒否するのか！　それはどういう意味だ？　ええっ！　まさか・・」という衝撃（喝棒）が幕府と諸藩に走ったという意味であろう。「新潜勢力が、忽ち事機に触れて轟然爆発せるものと知るべし」という表現も面白い。大久保の態度は明らかに幕府に喧嘩を売っており、その噂話は全国に拡散したはずだ。「やはり薩長連携の噂は本当だったのか。これはこの先ひょっとするとひょっとするかも・・」と諸藩の重役たちは思っただろう。

続いて記された話は薩摩藩士木場傳内の名で幕府に出された長州攻めに反対する書状が傳奏を通じて朝廷にも出された問題だ。

「是に於て、板倉閣老等大に狼狽し、大久保を召して右の書面を却下して曰く、斯る重大の事件を、陪臣の署名にては受取る能はずと。翌日大久保は、更に藩主の名を記して之を出せしに、板倉怒り、大久保を詰りて曰く、薩州は一夜を以て往復し得らるる土地に非ず、汝は私に主人の名を署す、幕府を欺くの甚しきものなりと。大久保従容之に答へて曰く、閣下の見過てり、某等已に寡君の委任を受けて此の地に在り、某等の陳述する所は、即ち寡君の意と知られよ、署名を改るの命あり、故に謹んで之を改めしのみと」

いやはや凄い話である。大坂の大久保一蔵が書状に藩主の名を書きくわえて翌日また老中に提出したというこの状況は、江戸時代の大名家であってよい話とは思えない。現在でももちろんダメである。薩摩藩主島津忠義の大久保への信任がそこまで篤いというよりは、明らかな幕府への挑戦的態度だ。薩摩藩がただ出兵したくないだけだったら「藩主が重い病にて」などと大人の態度で断ることも出来たはずだし、そういう口実を使った藩もあっただろう。しかし大久保の態度は明確に違うステージに居ることを示す。彼の胸中には「倒幕」の二文字があったに違いない。

大久保に対して他の老中が「薩州は幕府と姻戚の間柄（篤姫のこと）ならずや、此の書面は情誼上よりも取下ぐべきにあらずやと」諭すように述べると「大久保曰く、御親戚の故にこそ、他家の陳述し能はざる所をも陳じて、幕府の為めに直言忠告する次第なれと、其の儘退出す」と続いている。会津藩士がこれを聞いて「薩人に売られたり」と奮怒したのも無理はない。「将さに輦下に相闘はんとするに至る」とある。慶応二年夏には薩会は一触即発の状況だったのだ。

この難局は江戸から呼び出された勝海舟に任され、「幕府の御職掌と徳川御一家の御事との御区別を、能々御勘弁あるべし」と会津侯を説得し、更に大久保の許にきて「幕府の老中等の如き、共に語るに足らざる俗人を相手にして、彼れ是れと議論せらるるは、余り大人気なきことなり」と意表をついた態度にでて、大久保に「出兵拒絶の抗議書を我に託せよ」と請うたとされる。大久保もすでに書状の写が世に伝播したあとなので、勝に「兎も角も先生に一任すべし」と言い、互いに談笑して事を終らせたという（勝先生面白い。いや、ひどい！　一応幕臣なのに）。

この出兵反対の書状をめぐる大久保と幕閣とのいざこざの話は『防長回天史』（明治四十四～大正九年）や『忠正公勤王事績』（明治四十二年）には詳述されるが、前半の大久保が耳の遠いふりをした話は載っていない。なんらかの意味があるのであろうか。

『維新土佐勤王史』をさらに遡れば明治二十四年（一八九一）の『維新前後実歴史伝』で海江田信義が西河稱に語って記録された中に大久保が閣老に召還された際の話を大久保が語った体で記されている。「（大久保が）近時気の冒す所と為り、耳聊か聾せんとす」と言い、閣老が大久保を近くに呼び寄せて長州再征に薩摩藩の出兵を説得した際に聞き間違いを装って「忽ち顔色を変し、憤乎として答えて曰く、閣老吾藩を視て、長州と同じく、朝敵と做し、諸藩に命じて討伐の師を興さんとする乎」と誤聞を装って猛抗議したという話が掲載されている。これが『維新土佐勤王史』に書かれた「薩長両藩御追討の儀、正に拝承」の元ネタなのであろう。

仮聾といい征長反対の書状の件といい、第二次長州征討直前の雰囲気を伝えて興味深い。大久保の才知と決意の程と弁舌ぶりが伝わるが、このような薩摩藩の侮幕的態度を当時の幕閣や諸藩の藩士や志士たちがどう受け取ったかの方が重要だ。大久保の真意は「出兵反対の書状の中身を世に広めること」にあったのだ。大久保一蔵たったひとりの対幕戦争である。その戦果は甚大であり、征長軍に参加する諸藩兵の士気を大きく挫いたはずだ。

またこのような話が後世に伝わり、書き継がれている状況にも思いを致すべきである。物語的な名場面にあたるようだ。明治政府において厳格寡言で知られた大久保内務卿も幕末に仮聾をよそおうような頓知の才ももっていたのだとの面白話の類に入るのだろう。

『公爵山県有朋傳』（昭和八年）において「板倉閣老が、大久保を大阪城に招き、其の出兵を促したときに、彼が故《ことさ》らに聾を装うて『討幕と云ふ命令である乎。幕府を討つと云ふことは出来ないから拒絶する』と云ふてその出兵を拒絶したのは、此時の事であった」と徳富蘇峰が書いているので、昭和の初めには有名な話として出来上がっていたのだ。司馬遼太郎は「討幕だけはご勘弁を」というこちらの話を『竜馬がゆく』に用いている。

大久保の仮聾の話は、明治～昭和にかけて時間の経過とともに話が段々と改変されていったことが分かる。歴史の事実からは遠ざかりつつも、話として面白くなってゆく良い事例だ（海音寺潮五郎や荻原延壽はこの大久保の仮聾の話に否定的である）。

なんにせよ幕命に堂々と逆らう陪臣が居たことは幕閣や橋会桑から見れば世も末と嘆くべき事件であるし、倒幕派の志士らにはまことに痛快だったはずだ。幕藩体制の秩序崩壊を示す事件だ。幕府と薩摩藩の力関係もよく分かる。この話を聞いた多くの人々が時代の変化を感じ取り、さらに広めたのではなかろうか。そんなことを考えさせられる大久保一蔵の「耳がよく聞こえません事件」である。

II　新発見「新国家」の書簡をめぐって
――龍馬と越前福井――

「新国家」の書簡をめぐって ――龍馬と越前福井藩の深い関係――

本稿は平成二十九年（二〇一七）一月十三日、東京で高知県主催の記者発表がおこなわれ、広く報道された坂本龍馬の新出書簡「慶応三年十一月十日付　中根雪江（せっこう、ゆきえ）宛」の一通をめぐるお話である。

そこに手紙があることそのものもまた歴史だ。不思議な言い方に聞こえるかもしれないが、坂本龍馬の痕跡をたどるのだけが歴史ではない。その史料が百五十年後まで伝わり、発見され、読まれ、検討され、記者発表され、公開され、批判され、などなどこれらがすべて歴史である。そこに見過ごして良いものなど一つもない気がする。

新発見龍馬書簡の意義

慶応三年（一八六七）十月十四日の徳川慶喜による朝廷への大政奉還を受けて、坂本龍馬や後藤象二郎、海援隊関係者ら公議政体論派の人間、主に土佐人たちは朝廷中心の新政府樹立に向けた活動を活発におこなっていた。龍馬は新政府になんら財源がないことを憂いて、旧知の越前藩士三岡八郎《みつおかはちろう》（のちの由利公正）を新政府の財政担当者として出仕させるために、十月末から十一月初旬に土佐藩士岡本健三郎と同行のうえで京都から越前福井を訪ねて、藩の罰で幽閉中だったとされる三岡八郎に面会し、新政府の財政のありかたを詳しく聞いた。このことは近年発見された「越行の記」に詳しい（「越行の記」は後述する）。

平成二十九年に大きく報道された新出の書簡。この書簡は京都岡崎にある越前藩邸に居る福井から到着したばかりの越前藩重臣中根雪江にあてた龍馬直筆のものである。封紙まで当時のまま残っているところも貴重である。日付は慶応三年の「十一月十日」である。所有者は東京の個人である。

慶応三年十月半ば大政奉還を受けて、越前藩の前藩主松平春嶽《まつだいらしゅんがく》は十一月二日に家来とともに福井を出立し、八日に京都岡崎の藩邸に到着した。中根雪江も同時期に上京している。龍馬の方は一日遅れの十一月三日に福井を発ち、五日には京都へ到着している。龍馬は春嶽公を追い抜いているが、春嶽公は琵琶湖の東側をまわって上洛したのだ。龍馬の方は雪の湖西路をまっすぐに京都へ戻ったらしい。

この書簡は龍馬が暗殺される五日前に書かれたものである。書簡を書いた場所は河原町の近江屋であろう。書簡は越前藩重役の中根雪江にあてたもので、春嶽公上京に関して尽力してくれたことへのお礼を述べ、あわせて、三岡八郎の新政府への出仕を一日でも早く許可して欲しいと述べたものである。

越前藩の前藩主松平春嶽が朝廷の召しに応じて大政奉還後の京都に入ったことは土佐藩を中心とする公議政体論派からは歓迎すべきことであり、龍馬が「千万の兵を得た心中」と書くことはうなずける。その春嶽上京に関して中根雪江が「御尽力」したことに対して龍馬は感謝を述べている。越前藩内で反対論の多かった春嶽公の上京を推進したのがこの中根雪江なのである。ここにも重要な歴史の機微がある。

その一方、龍馬は福井滞在中、旅宿莨屋《たばこや》で三岡八郎に面会して国家財政に関して丸一日談論したあと、中根雪江にも面会し、三岡の新政府出仕を直接中根に要請したのだが、どうやら色よい返事はもらえなかったらしい。そこで京都に到着したばかりの中根に改めて「先頃直接申し上げておきました三岡八郎兄の御上京、御出仕の一件」を重ねて懇願し、その「御尽力」を求めることが本書間の主題である。

「越行の記」にあるように龍馬は十一月五日の帰京後、新政府上層部に三岡八郎を新政府に出仕させるように強く推薦していた。「金銀物産などのことを論じるには、この三岡を置いては他に人がいないだろう」と龍馬は後藤象二郎に書いている。

龍馬の強い推挙の結果、岩倉具視ら新政府首脳から福井藩へ三岡の出仕を求める連絡が何度も出されるのであるが（最初は十一月六日に召状が出ている）、福井藩内の事情のためか

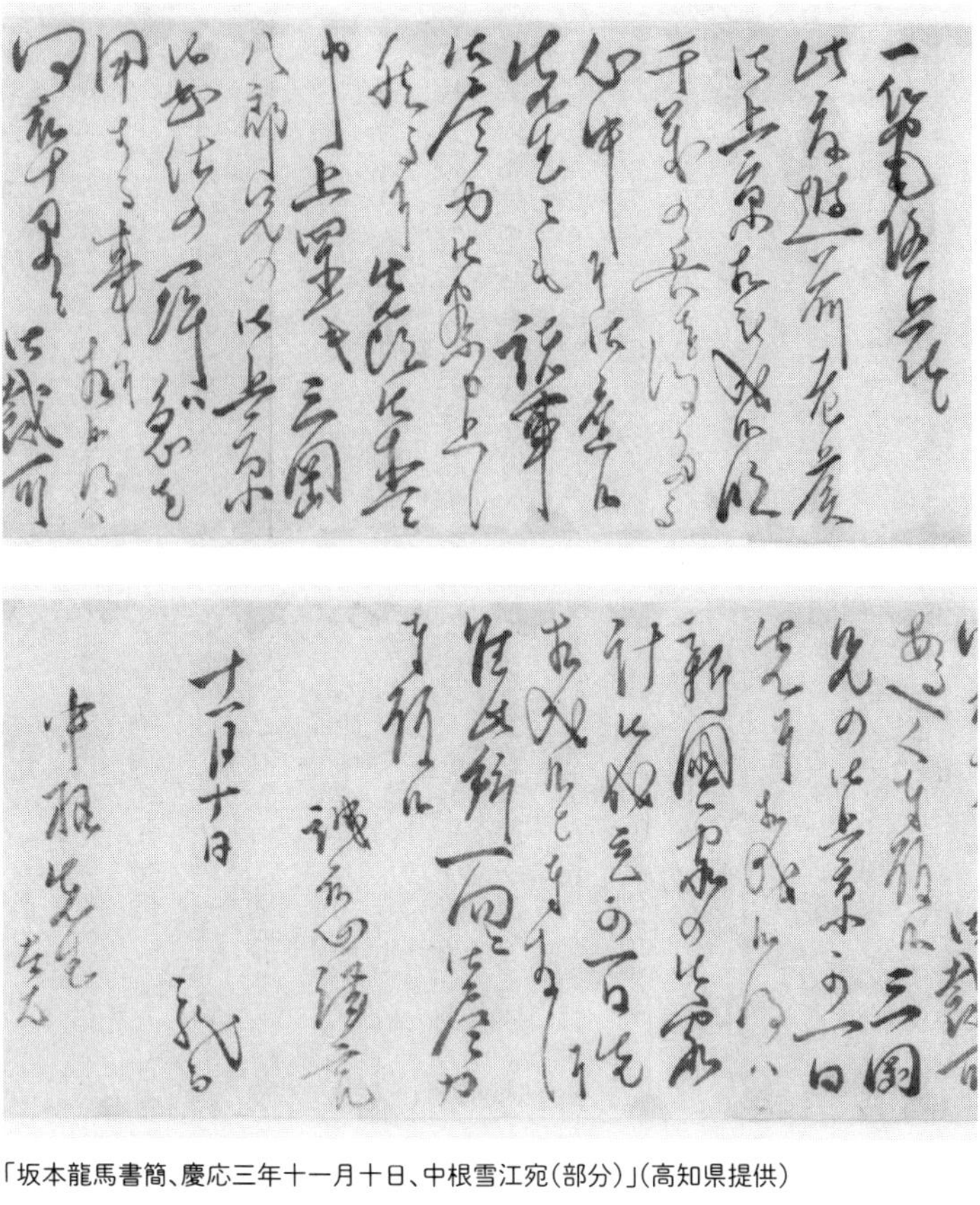

「坂本龍馬書簡、慶応三年十一月十日、中根雪江宛（部分）」（高知県提供）

なかなかその話は進まなかったらしい。三岡は文久三年（一八六三）以来藩の罪人として長期幽閉中であったことがその理由と推察される。実際に三岡が京都に来たのはこのひと月あまりあとの十二月半ばのことである。すなわち龍馬の死後のこととなるのだが、このタイムラグの存在が越前藩の内部事情、すなわち三岡を京都に出すことに反対する勢力（中根を含む）が強かったらしいことを示している。そのために京都出仕の命令が三岡に伝わるのがかなり遅れたらしいのだ。そのような越前藩内の「お家の事情」を推察させるため、後日「他見を憚るものなり」との朱書付箋を付けたものと考えられる。すなわち筆者は第一義的には三岡八郎に見られてはいけない書簡だから隠す必要があったと考えている。三岡がこの龍馬の書簡を読んだならば「京都出仕の公式連絡が自分に届くのが遅れたのはやはり中根雪江のせいか」と怒るであろう。すなわち付箋を付けたのは中根雪江自身と推定される。それが百五十年もの間この書簡が世に出なかった要因であろう。

「新国家」の文字

書簡文中に「新国家」という単語が出てくるのがまことに重要である。龍馬書簡の中でこの表現を用いた例は今のところ見つかっていない。また同時代の関係者も使った形跡が乏しい。「新国家」とは当時の坂本龍馬の活動とその行動原理を示すものとして貴重であり、大政奉還後、龍馬が「新国家」の建設に専心していた様子をよく示すものである。この時期、諸方面を駆け回った坂本龍馬の弁舌の中に「新国家のために」というフレーズが用いられていた可能性を示している。もちろん龍馬は、身の危険は感じていただろうが、殺されるとは思っていなかったはずだ。書簡の文面にそのような懸念は記されていない。

追白の部分に「永井玄蕃頭」の名前が出てくる。幕府内では開明派・大政奉還推進派であり、徳川慶喜側近で若年寄格の永井尚志のことである。この永井に「明日」面会する話は、慶応三年十一月十一日付の林謙三あての龍馬書簡に「今朝、永井玄蕃方へ参り、色々と議論いたしました」という文面と符合するものである。また中根雪江と永井尚志は旧知の間であるので、それを知っていた龍馬が中根を永井の屋敷に訪ねる際に同行を求めたのであろう。龍馬が中根に話すということは春嶽公に話すのと同じ意味である。

龍馬の新出書簡として歴史的価値が極めて高いものと言える。この書簡に関しては今後も研究の進展が期待される。

【坂本龍馬書簡、慶応三年十一月十日、中根雪江宛（個人蔵）】

一筆啓上仕候
此度越前老侯
御上京相被成候段
千万の兵を得たる
心中に御座候
先生ニも諸事
御尽力御察申上候
然るに先頃御直ニ
申上置キ三岡
八郎兄の御上京
御出仕の一件ハ急を
用する事に存候得ハ
何卒早々御裁可

［現代語風に改めると］

一筆啓上差し上げます。
このたび越前の老侯（春嶽侯）が
御上京に成られたことは
千万の兵を得たような
心持でございます。
先生（中根雪江）にも
諸事御尽力くださったこととお察し申し上げます。
しかしながら先頃直接
申し上げておきました
三岡八郎兄の御上京、
御出仕の一件は急を
要する事と思っておりますので
何卒早々に（越前藩の）御裁可が

あるへく奉願候三岡
兄の御上京が一日
先に相成候得ハ
新国家の御家
計御成立が一日先に
相成候と奉存候
唯此所一向ニ御尽力
奉願候
誠恐謹言
十一月十日
龍馬
中根先生
左右

下りますよう願い奉ります。
三岡兄の御上京が一日
先になるならば
新国家の御家計（財政）の
御成立が一日先に
なってしまうと考えられます。
唯、ここの所にひたすら御尽力を
お願いいたします。
誠恐謹言
十一月十日
龍馬
中根先生
左右

追白　今日永井玄蕃
頭方ニ罷出候得とも
御面会相不叶候
談したき天下の
議論数々在之候ニテ
明日又罷出候所存ニ
　　　　御座候得ハ
大兄御同行相叶候ハヽ
実ニ大幸の事ニ奉存候
再拝

（封紙）

越前御藩邸
　中根雪江様　　　才谷楳太郎
　　　　　　　　　　御直披

追白　今日永井玄蕃頭（幕臣・永井尚志）
方へ訪ねていったのですが
御面会は叶いませんでした。
（永井殿と）談じたい天下の
議論が数々在りますので、
明日また訪ねたいと
　　　　考えているところです。
大兄（中根様）も御同行が叶いますならば
実に大幸に存じます。
再拝

（封紙）

越前御藩邸
　中根雪江様　　　才谷楳太郎
　　　　　　　　　　御直披

封紙に朱書付箋あり

「坂本先生遭難直前之
書状にて他見ヲ憚ルモノ也」

（朱書付箋）
「坂本龍馬先生が遭難する直前の
書状なので他見を憚るものである」

（本紙　縦一六・三センチ、横九二・五センチ）
（封紙　縦一六・六センチ、横五・一センチ）

松平春嶽と龍馬

松平春嶽と龍馬の関係を書いておこう。松平春嶽は文政十一年（一八二八）生まれで明治二十三年（一八九〇）没。徳川御三卿の田安家出身。天保九年（一八三八）に十一歳で松平慶永《よしなが》として越前藩の藩主となる。越前藩政の改革に努めるとともにペリー来航以降、混乱する江戸の政局には薩摩藩の島津斉彬公らとともに活動し、一橋慶喜の将軍継嗣問題に越前藩士の橋本左内を用いて深く関与した。その結果、安政五年（一八五八）には大老井伊直弼によって藩主の座を下ろされて長期に渡って隠居謹慎することになった。井伊の死後、文久二年（一八六二）には幕府の政事総裁職に就いたが、京都の急進的な尊王攘夷派に手を焼き福井に戻った。

坂本龍馬は脱藩後の文久二年に江戸の越前藩邸で政事総裁職在任中の春嶽に面会している。明治になって春嶽自身が著した『逸事史補』（明治三〜十二年）には「余が惣裁職たりし時、坂本竜馬・岡本健三郎二名謁見を乞ふ。余面会、天下の事情と形成を陳述せり、勤王の志可感也」とある。

また文久三年（一八六三）には勝海舟進める神戸海軍操練所の開設資金を龍馬が福井にもらいに行っている。龍馬が「日本のせんたく」と記した文久三年六月二十九日付の姉乙女あての手紙（京都国立博物館蔵）には「私事も、此せつハよほどめをいだし、一大藩［ひとつのおおきな大名］によくよく心中を見込みてたのみにせられ」と記しているがこの「一大藩」が越前藩、「大名」が松平春嶽なのである。

さらに慶応三年（一八六七）の七月末には京都で松平春嶽からの書簡を龍馬が受け取り、土佐藩前藩主山内容堂への使いを頼まれている。その内容はイカルス号事件への英国との対応について容堂に注意を促すものである。

春嶽は『逸事史補』の中で「竜馬は余最もしれり。毎々面会せり」（私は龍馬のことを最もよく知っている。いつも面会して話をした）と書くほど龍馬と個人的な交流、信頼関係があったのだ。松平春嶽と坂本龍馬の関係は五年に及び、言わば「気の合う関係」であったことが推察される。身分制度の厳しい時代に不思議に思えるが、龍馬は松平春嶽にはかわいがられていたようなのだ。筆者が思うに春嶽・龍馬のふたりとも「調整型」の人間であり、その点で共感するところがあったのかもしれない。松平春嶽―大久保一翁―勝海舟―坂本龍馬のラインに重きを置いて幕末史を見ることにも意味があるようだ。

龍馬の福井行きの記録

大政奉還ののち龍馬は何を考え、どう行動したのか？　龍馬は大政奉還建白書に記された「公議政体制国家」、いわゆる「新国家」の骨格をつくろうとしていたようだ。

当時江戸に居たイギリス外交団の通訳アーネスト・サトウの許に海援隊文官の長岡謙吉らを派遣してイギリス式議会（国会・議政所）の運営方法の実務を聞きに行かせたのは後藤象二郎と龍馬であったはずだ。また龍馬の死後になるが、十二月には海援隊士陸奥宗光が大坂に来たサトウに外交権を徳川から新政府へ引継ぐ具体策を相談しに行っている。まだ若い陸奥がそんな行動をとったのも龍馬の指示があったからとみて良いのではなかろうか。

そして龍馬自身は越前藩士の三岡八郎を「新国家」の財政担当者として呼び出すべく福井に向かった。同行した土佐藩士岡本健三郎は目付役である。福井出張の名目は山内容堂の親書を春嶽公に届けることだ。土佐藩の公務としての立場をとっている。後藤や福岡孝弟のような土佐藩重役と相談のうえでの公務出張なのだ。まずは岡本健三郎への書簡から京都を出発する直前の様子を見ておこう。

【坂本龍馬書簡、慶応三年十月二十四日、岡本健三郎宛（現代語訳）】


たった今お使いをよこして下さり有難し。

さて越前福井行きの事ですが、本日出発するように、後藤参政から昨日申し聞かされました。これも、もののついでにちょっと聞いただけのことですので、今日の四ツ刻（午前十時頃）にかれこれ取り遣しするため、私から後藤の方へは参らないように致しました。

大兄が今回の福井行きに同行することは、まだ後藤には申しておりませんが、今日には申し出て、必ず同行させるつもりです。それであなたと私そして家来ひとりの計三名で本日出発。七ツ刻頃（午後四時頃）から出かけたいと思っています。その心積もりで、先触れを大津の方までお出しいただくようにお頼み申し上げます。

ひそかに聞きましたが、越前侯（春嶽公）は二十八日には福井を発って上京の予定だとか。それで我らは出発を急ぐ所です。先ずは早々、頓首

二十四日　　　　　　　　　　　龍

健三郎先生　左右　　　　　　　梅太郎

平成二十六年（二〇一四）に出現した「越行の記」の現代語訳を参考に掲げておく。「新国家」の書簡を読むうえでも欠かせない書簡草稿だ。

【坂本龍馬書簡、慶応三年十一月五日以降、後藤象二郎宛（現代語訳）】

「越行の記」

十月二十八日、福井に到着しました。奏者役の（越前藩士）伴圭三郎が来たので、御書（土佐前藩主・山内容堂より松平春嶽宛の書状）を渡しました。伴が、私・直柔（坂本龍馬の本名・諱）の役名を問うたので、「海援隊惣官だ」と答えました。

同夜（三十日朝を抹消）、大目付・村田巳三郎（越前藩士）が訪ねて来ました。村田が「用向きはないか」と問うたので、私は「近時のことなどを（春嶽公に）言上して、それに対する御論を拝承したい。およそ明白な国論を海外までも聞かないことを恐れており、この度こそ越前の国論を拝承したい心願がある」と言いました。村巳（村田巳三郎）は「老主人（松平春嶽）の出京も来月二日（十一月二日）に決まり、ものごとが多端であるため、（松平春嶽は坂本龍馬に）お目にかからず、前条の御尋ねについては拙者（村田巳三郎）より申し上げます。老主人（松平春嶽）の出京後、かれこれ手順もありますが、将軍家が（朝廷へ）政権をお返しになったのならば、将軍職も共にお返しにならなくては、とても御反正になられたといっても、天下の人心は折り合わない、という国論がここ越前にはあります、云々」と語りました。

この夜・同二十九日、奏者の伴圭三郎から御答書（松平春嶽より山内容堂宛）を受け取りました。

三十日朝（一日を抹消）、三岡八郎と松平源太郎（越前藩士）が訪ねて来ました。但し、三岡に面会することを昨日村巳（村田巳三郎）に頼んでおいたのですが、三八（三岡八郎）は先年押し込められ、これまでは他国人との面会を堅く差し止められていたのです。そのため、（越前藩）政府の論議により君側の中老・松平源太郎を差し添えたのであります。それ故でしょうか、三八が来たとき、松平源（源太郎）を目して、「私は悪党ゆえ、君側から番人が参りました」と言ったので、松源（松平源太郎）も共に笑いました。それより近時の京都の情勢を前後残らず談論したのです。この談論は尽したので深く御察し下さい。

三八は「将軍家が真に反正すれば何か早く形にして示さねばならぬ。近年来、幕府は失策のみであり、その末、無策であることは、天下の人皆の不信を招くものである、云々」と言いました。

これより金銭国用（新政府の財政）のことを論じました。かつて、春嶽侯が総裁職（幕府の政事総裁職）に就いていたとき、三八が自ら幕府勘定局の帳面を調べると、幕府の金の内面は唯銀座局ばかりであったと気の毒がっていました。御聞き置き下さい。総じて金銀物産などのことを論じるには、この三岡八郎を置いては他に人がいないでしょう。

十一月五日、京都に帰着。福岡参政（土佐藩参政・福岡孝弟）に、越老侯（松平春嶽）の御答書を渡しました。

右、大要を申し上げました。謹言

直柔

後藤（象二郎）先生

追曰、中根雪江（越前藩重臣）は越老侯の御供（で京都へ来ます）。村田巳三郎は国（越前）に残るとのこと。家老はかなりの者が（京都へ）出るということです。再拝々

この坂本龍馬の書簡草稿「越行の記」は大政奉還のあと、慶応三年（一八六七）十月二十四日から十一月五日までの越前福井行きのことを後藤象二郎に報告したいわゆる「復命書」である。現在の公務員・会社員ならば出張したあとに必ず事務方に提出せねばならない書

類だ。龍馬は後藤に福井でいつ誰に会って、何を話したかを報告した際の下書きあるいは控えのようなものである。その書風・筆跡・内容は龍馬以外ではありえない。

バラエティ番組の撮影中に偶然見つかったのは面白いが、問題はその書簡の中身である。福井で面会した三岡八郎とのやりとりを記した貴重な記録だ。龍馬が福井に行った主な目的は京都で樹立されようとしていた新政府の財政担当者として旧知の三岡八郎を越前藩の許可を得て、京都に呼び出すことにあった。三岡の回顧談「坂本龍馬三岡八郎会見顛末」にもかなり詳しいが、この草稿によってふたりで何を話したのかがより明らかとなったのである。

この「越行の記」では春嶽公に面会出来なかったとはあるが、本当に会っていないのだろうか。前掲の岡本健三郎宛書簡では、越前老侯（春嶽公）の福井出立前（十一月二十八日に出立予定だ、と聞いて焦った感じ）に福井へ着かなければ、と急いでいる。春嶽公への面会の意志が感じられる記述である。そうしないと容堂公の書状を春嶽公に届ける意味がなくなるからであろうか。春嶽公と龍馬の間に密談などは無かったのだろうか。

「○○○」とは誰なのか

○○○の謎

坂本龍馬をよくご存知の方なら「○○○」が「新政府綱領八策」の終わり近くにある「○○○自ら盟主と為り～」という謎の文言であることにピンとくるはずだ。慶応三年（一八六七）十一月、大政奉還後に京都で出来かけている新政府において武家の盟主を誰にするのか？　龍馬はわざわざ伏せ字にしてこのような文書を複数作成し、広く配布したらしいのである（現存は下関市立歴史博物館・国立国会図書館の二通。推測するに十一月五日の福井からの帰京後、十五日に近江屋で死ぬまでのわずか十日間に書かれたものだ。ならば例の中根雪江あての書簡すなわち慶応三年十一月十日付の「新国家」の書簡を書いたちょうどその頃である）。

この「○○○」の部分には政権を自ら朝廷に返上した十五代将軍徳川慶喜の名、すなわち「慶喜公」の三文字をそれにあてることが有力だとされてきた。大政奉還の功績を高く評価して慶喜を厚遇するという案である（実は筆者もながくそう思っていた）。

坂本龍馬が徳川慶喜を推していたらしい証拠としては越前藩重役の中根雪江（新出書簡のあて先だが）が記した『丁卯日記』の十一月の記載（中根雪江著『再夢記事』日本史籍協会叢書１０５、昭和四十九年覆刻、二三二頁）に京都で永井尚志や龍馬と密談したあげく「私云、窃に按ずるに、龍馬の秘策持論は内府公関白職の事か」という小文字の記載があることに由来するようだ。「私」とは中根雪江のこと、「内府公」が徳川慶喜である。その密談の日付は十一月十一～十四日頃のことであろう。しかしながらこれはとても不思議な文章ではないだろうか。

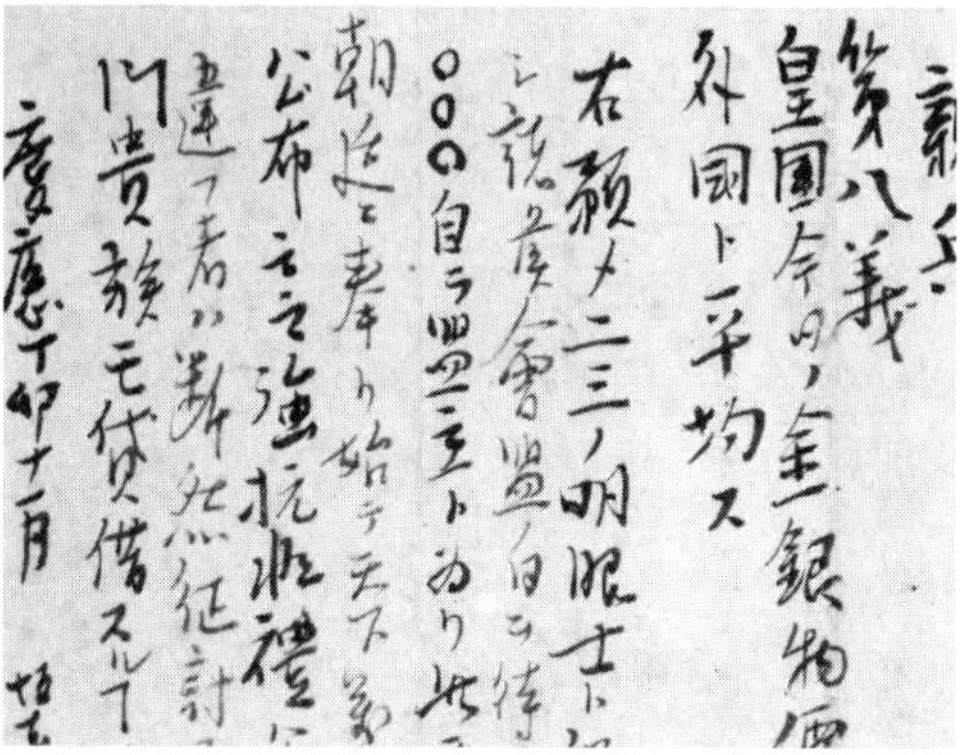

○○○ が書かれた「新政府綱領八策（部分）」（国立国会図書館蔵）

龍馬が本心から徳川慶喜推しならば、親藩である越前藩の重臣に「実はここだけの話、徳川慶喜公を列侯会議の議長（あるいは関白）に推そうと思うのですが、越前藩も協力してください。薩長は私が説得します」とでも言いそうなものだ。越前藩は喜んで龍馬に協力するであろう。しかし「秘策」と言いつつつその内容を中根に話していないのだ。龍馬の言う「秘策」を「徳川慶喜を推していた風に中根雪江が思った理由」を想像するに、龍馬は本当のところ松平春嶽公を武家の盟主にしたかったのではなかろうか。

龍馬は春嶽公推し

「大政奉還後の『新国家』の建設に徳川方の協力も不可欠だ」が龍馬の主張とするならば徳川側も薩長側も納得する人選が必要だ。徳川慶喜では薩長は受け入れないだろう。ではなぜ密談の際に春嶽公の名前を龍馬は中根に告げなかったのだろうか？　一番先に相談しても良さそうな相手である。

筆者の想像だが、この十一月半ばの段階で「実は春嶽公に武家の代表になっていただきたいのですが、越前藩はいかがでしょうか？」などと龍馬がちょっとでも漏らしたならば、春嶽側近の中根雪江がそれに大反対することが容易に予想出来たからではなかろうか。「親藩の立場で徳川宗家の上に立つことなどありえない」と激しく抵抗するだろう。

龍馬は永井や中根の前で「私には徳川側も薩長側も納得する『秘策』があります。しかし今は言えません」などと述べていたようだ。それを「龍馬は徳川慶喜を関白にするつもりだろう」と中根雪江は推察したわけである。龍馬の言動には徳川方重視の方針が滲んでいたはずである。この時期、龍馬は「春嶽公」の名前を出すタイミングを計っていたのだろう。それは諸藩の大名の多くが京都に参集し、いよいよ「列侯会議」を開催する直前が良いだろう。それは新政府綱領八策にある「諸侯会盟の日を待って云々」にあたるであろう。十一月末か十二月初めごろか。会議の議長（武家の代表・盟主）を誰にするか諸大名の議論が紛糾し、煮詰まる段階まで待つべきだ。それまでは龍馬は表面的には「慶喜公」推しだと世間に思わせていたのではなかろうか。慶喜は言わば当て馬だったのだ。

徳川慶喜を高く評価される方には不愉快な話かもしれないが、龍馬は薩摩藩の内情をよく知っていたので、徳川慶喜を武家の代表にすることは不可能だと思っていたはずだ。慶応三年二月二十二日付の龍馬の三吉慎蔵あての書簡には慶喜について「この頃は幕府も大いに折れ合い、薩摩藩に媚びること甚だしい状況です。しかしながら新将軍（徳川慶喜）は余程の奮発ぶりで、これまでの幕府とは異なるところが多く、油断は出来ないと皆が申しております」（現代語訳）と書いている。薩摩藩からの情報だが龍馬が慶喜に好意的とは思えない文章だ。

一方の松平春嶽は八代将軍吉宗の子孫で、御三卿田安家の出身で、徳川宗家を守る意思も固く、徳川慶喜を良く知り、なおかつ穏健で誠実な尊王思想をもち（中根雪江の教育のおかげだが）、官位（正四位・参議）をもち、幕府の政事総裁職を務めた経験もあり、頭脳明晰で人望も厚く、名君の誉も高く、三十二万石の大藩の前藩主であり、幕末四賢侯のひとりだ。慶応三年には四十歳という壮年である。また土佐の山内容堂の盟友でもある。越前藩と薩摩藩との関係も良好であった。龍馬はこの松平春嶽こそが徳川と薩長の間に立って「新国家」を主導すべき人物だと考えるに至っても不思議ではない。龍馬は勝海舟を通じて松平春嶽とは個人的な面識交流（春嶽が龍馬に勝を紹介したとするのが正しいか）があり、その人物像を良く知っていたはずだ。恩義さえ感じているに違いない。

一方の徳川慶喜には会ったこともないのだ。しかもその悪い評判を薩摩藩から聞いていたはずである。西郷吉之助が苦労してお膳立てした慶応三年五月の四侯会議をぶち壊したのは将軍慶喜だ。薩摩藩はこれで武力倒幕を決心したとされる。

春嶽公以外で「〇〇〇」はありえるのか？　外様大名である薩摩藩の「久光公」や長州藩の「敬親公」はありえない。まだ慶応三年十一月の段階だ。戊辰戦争の勝利は未来の話である。では『大政奉還建白書』を提出した土佐藩の「容堂公」ではどうだろうか？　これも龍馬の気持ちとしては無さそうだ。明敏な殿様としては宇和島伊達家の「宗城《むねなり》公」も居るが、そもそも容堂公と同じ外様大名だ。さらに「勝海舟」「吉之助」「小五郎」「象二郎」なども三文字（こだわらなくても良いが）だが、勝先生は評論家気質で上に立つ人ではなさそうだし、西郷吉之助や桂小五郎や後藤象二郎は外様大名の家臣にすぎず問題外だ。

他に適当な候補が居るでしょうか？（のちの新政府に入った武家では尾張藩の徳川慶勝が松平春嶽より官位が上であるが、会津藩の松平容保と兄弟である点で長州藩の支持は得られないはずだ）

龍馬の秘策

龍馬はギリギリまで徳川慶喜を推したあげく、最後の最後で「皆さんがそんなに慶喜公に反対されるのならば春嶽公ではいかがでしょうか」との落としどころを示し、東西どちらからも「ああ春嶽公なら良いんじゃないか」との雰囲気を醸成することが目的だったのではなかろうか。それが龍馬の言う徳川方も薩長方も納得する「秘策」であろう。最初から春嶽公推しを明言していたらつぶされただろうし、春嶽自身も固辞しただろう。龍馬が頼みに行くのではなく、諸大名がそろって春嶽公に議長（武家の代表）を懇願しに行く状況を龍馬はつくろうとしていたのではないだろうか。これは学問ではなく政治力学の問題だ。

中根雪江に三岡八郎の新政府出仕を依頼する新発見の書簡（十一月十日付）を読みながら、龍馬の越前福井行きには別の目的もあったように思われたのだ。書簡の最初には「此度越前老侯御上京相被成候段千万の兵を得たる心中に御座候」とある。土佐藩を中心とする公議政体論派・大政奉還建白書基本派には十一月八日の春嶽公上京は大変な援軍であった

（春嶽はお供の家来を連れて上京したのであり、藩兵は率いていない）。「新国家」の構想に賛意を示したという評価である。様子見をしていた諸藩の藩主らも春嶽公上京を聞いて京都へのぼる決心がついたはずだ。この点が財政問題よりももっと重要なところである。

龍馬は福井に直接赴いて、越前藩の新政府への考え方を探ったうえで、「新国家」の首班たる武家の代表を春嶽公にする方策を福井から京都への帰路に考えていたのではなかろうか。

龍馬は十一月十五日に近江屋で亡くなったので結局『新政府綱領八策』中の「〇〇〇」の答えを誰にも示さなかった。謎のまま百五十年を経たのだが、新発見の書簡をきっかけに中根雪江の記録『丁卯日記』に注意が向いた結果、その手掛かりと思えるわずかではあるが「重大な記載」があったというわけである。

「春嶽公を首班とする新国家の樹立」が龍馬最後の大芝居だったのだろう。歴史にもしもの話はないのだが「松平春嶽が総理大臣、坂本龍馬が官房長官」のような徳川と薩長のバランスをとった東西中立型・大連立型の公議政体制国家がありえたのではないかと筆者は想像しているのである。この「新国家」では徳川側と薩長側との連絡調整役が不可欠だ。龍馬以外に適任は居ない。だから官房長官だ。しかしながらその国家構想は龍馬の死によって幻と消えたのである（公議政体論推進派の弱体化）。

そののちは岩倉具視と大久保利通が主導する強硬な王政復古派（徳川慶喜徹底排除派）が

力を得て（こちらも細い綱渡りだったのだが）、王政復古の大号令、小御所会議、慶喜への辞官納地の要求、さらには東西が激突する鳥羽伏見の戦い、戊辰戦争へと歴史は展開していくことになったのである。

（追記）

① 平成二十九年（二〇一七）一月十三日に東京で例の中根雪江あての龍馬書簡を高知県主催で記者発表した際、松平春嶽の御子孫である松平宗紀様もお越しになっていたので、会場控室で昼食中に筆者から「例の〇〇〇とは春嶽公のことだと思いますが、いかがでしょうか？」と松平様に問うたところ、即座に「それは無い」というお返事であった。

② 筆者は小山ゆうの漫画『お〜い！ 竜馬』を読みながら最後の最後で徳川慶喜を副関白に推そうとする竜馬の行動が以前から不可解でならなかったのだが、春嶽公ならばどうでしょうかという話である。龍馬の慶喜推し説は龍馬暗殺の薩摩藩黒幕説とセット関係である。

③ 平成二十九年十一月十九日放送のNHKスペシャル『龍馬 最後の30日』、および同年十二月二十九日放送のBSプレミアム『龍馬の遺言』という時代劇の原案がこれだ。ドラマでは龍馬は直接春嶽公に「盟主になって欲しい」と頼んでいたが、それは無いと思う。龍馬は最後まで誰にも本心を明かさなかったはずだ。この筋書きはもちろん筆者の想像であり、

歴史的事実の話ではない。しかしながら新たな視点を提示してみたものだ。「〇〇〇＝春嶽公説」である。ここから考えられることも多いはずだ。そういうドラマであり、視聴者にその意図は伝わったと思う。

④　龍馬は新政府の財政担当者にするために三岡八郎を福井にスカウトに行ったとされるが、そもそも総理大臣も決まってないのに先に財務大臣を決めるものだろうか？　龍馬の腹の底に本命がいてこその行動ではなかろうかと思う。

中根雪江の釣り人姿

不思議な肖像写真

写真に強い意志が込められている。越前藩の中根雪江の写真を見てそう思うのだ。どうしてこのような蓑笠に釣竿を持つ「釣り人姿」の写真を中根は残したのであろうか？

本稿は歴史の本流からはそれて「人間の意思の表現」について述べてみたい。

釣り人姿の中根雪江（福井市立郷土歴史博物館蔵）

中根雪江のこの写真を筆者が見たのはようやく平成二十八年（二〇一六）の秋のことだ。そもそもは例の慶応三年（一八六七）十一月十日付の中根雪江あての坂本龍馬書簡（いわゆる「新国家」の書簡）の調査がきっかけだ。写真は中根雪江先生百年祭事業会発行の『中根雪江先生』（昭和五十二年）という書籍の巻頭に掲載されている。最初、図書館から借りて読んでいたのだが、福井市立郷土歴史博物館館長の角鹿尚計氏より一冊いただいて今手元にある。福井市の野村英一氏を中心に編纂された中根雪江の業績と人柄を顕彰するためにつくられた書籍で、伝記・資料・系譜・年譜など充実した内容だ。

中根雪江（文化四年〜明治十年）は越前藩士。家禄七百石の重臣。天保九年（一八三八）に江戸の田安家から十一歳で越前藩の新藩主となった松平慶永《よしなが》（のち春嶽公）を養育し名君に育てた人物だ。浮沈はありながらも越前藩の重役をながく務めた。幕閣や諸藩重役・志士らとの交わりも深く、幕末政治史のすべてをよく知っていたベテランである。慶応三年には六十一歳であり、西郷吉之助などより老練だ。文久三年（一八六三）に中根が記した『尚友書屋記』の交友名簿百七十四名の名前を読めば交際の範囲がいかに広かったかがよく分かる。彼は幕末政治史のキーマンだったようだ。残された文章を見れば中根は頭脳明晰で穏健かつ進取の考えをもっていたように読める（全部を読んではいませんが）。松平春嶽の側近中の側近であり、春嶽の中根への信頼は生涯不変であった。

坂本龍馬と中根雪江とのかかわりは文久二年（一八六二）以来であり、慶応三年十一月の「新国家」の書簡にも明らかである。龍馬は書簡の中で「このたび越前の老侯（春嶽）が御上京に成られたことは（公議政体論派にとって）千万の兵を得たような心持でございます。

先生にも諸事御尽力くださったこととお察し申し上げます」と書いている。越前藩内で反対の多かった春嶽上京を決めたのは中根雪江であった。龍馬はその礼を述べている。書簡の主題は三岡八郎を京都の新政府に財政担当者として出仕させる許可を重ねて中根に懇願するものであった。なぜなら文久三年の越前藩の挙藩上洛計画（龍馬が「日本をせんたく」と書いたとき）の中心人物であった三岡八郎を閉門謹慎処分にしたのが中根であったからだ。龍馬はそれを知ったうえで頼んでいるのだ。京都出仕の前に、藩内で処分解除してもらわねばならない。逆に三岡八郎側からはこの中根がどう見えたのか。『由利公正伝』を読めば名前こそ出さないが三岡がこの中根雪江を激しく恨んでいたことが読み取れる。朝廷からの再三の呼び出しを三岡に伝えず、握りつぶしていたのは中根であったらしい。三岡の京都出仕はこのせいで遅れるのだ。

さて龍馬は新発見の書簡の末尾で、明日（十一月十一日）幕府若年寄格の永井玄蕃頭の屋敷を訪ねて「談じたい天下の議論がありますので、大兄も御同行が叶いますなら幸いです」と（新国家における徳川処遇問題の話し合いに）中根（春嶽の名代の意味があろうかと）を誘っている。このことは中根の『丁卯日記』にも記載があるのでなんらかの重要な会談がもたれたことは確実である。

龍馬はこの会談の四日後、十一月十五日に近江屋で暗殺された。龍馬の死を中根は驚愕をもって『丁卯日記』に書き記している。つい数日前に親しく話をした人間が殺されたのだ。その下手人や背景を中根自身が一番知りたかったはずだ。あるいは知ったとしても日記には書けなかったか。

新発見の書簡の封紙に付箋があり、そこに朱書で「坂本龍馬先生遭難直前の書状にて他見を憚るもの也」とあるが、一義的には三岡八郎に見られてはいけないからだと筆者は思うが、龍馬暗殺にかかわるなんらかの情報がこの書簡の中にあるのでは？という想像も可能である。

さて龍馬の死後、王政復古を宣言した京都の新政府は十二月、越前藩に四人の徴士を求めた。中根雪江・酒井十之丞・毛受《めんじゅ》鹿之助・三岡八郎である。中根・酒井・毛受の三名は参与職である。慶応三年十二月～四年前半の新政府の内幕がいかなるものだったか中根の記録した『丁卯日記』『戊辰日記』が伝えてまことに貴重である。

中根雪江の辞職

この中根雪江が新政府を辞めたのは慶応四年（一八六八）八月六日のことである。その理由は直接的には松平春嶽が江戸への遷都に反対したことが岩倉・大久保ラインに嫌われ、春嶽公を守るために中根が引責して京都を去ったとされる。その後は越前三国湊で釣り三味の隠遁生活に入ったのだ。『中根雪江先生』を読むと讒言して中根を新政府から追い出した張本人は三岡八郎であったという。これまでの中根と三岡の確執を見ればその可能性は高いように思う。さらには徳川宗家大事の公議政体論派であった松平春嶽・中根雪江にとって慶喜を徹底的に排除し、武力さえ使って強引に物事を進めていった岩倉・大久保ライン（三岡八郎もこの一派）のやり方を不満に思うことが多々あったのではなかろうか。また一方の岩倉・大久保から見れば度々徳川慶喜復権を主張する松平春嶽の片腕を奪う意味もあったはずだ。

すっぱりと政界を引退し、越前に戻った中根の心境をこの「釣り人姿の写真」が表わしているように思う。写真の裏には「明治二年十一月廿五日　於横浜　内田九一制（中略）松陰老漁謹上」とある。福井ではなく、上京した際にわざわざこの格好で内田九一写真館で撮ったのだ。蓑笠釣竿を福井から持っていったのだろうか？　横浜で写真のために揃えたのだろうか？

写真の左に雪江自筆の漢詩が掲げられている。「已擲簪纓換蓑笠　何図恩露及微躬」その意味は「已に高官の地位をなげうち蓑笠に換えた。どうして恩露が微身に及ぶなどと思うだろうか」ぐらいか。自分を追い出した新政府太政官が明治二年（一八六九）九月に中根に対して賞典禄永世四百石を下賜したのだ。上京はその御礼の為ではあるが、その際にあえて「蓑笠姿」の写真を撮ったところに意味があるのである。今となってはそのときの中根の心の奥底を正しく理解することは出来ないが、非常に「強い思い」があったことだけは明白だ。それは歴史を踏まえたうえで文学的・心理学的に解釈することが必要であろう。

明治十年（一八七七）、東京滞在中に亡くなった中根雪江の墓碑は品川の松平家墓地に在るという。春嶽が撰併書した墓表にはこう記されている。「雪江天資沈静寡言。愛材容人。其處身節儉自守。粗衣短袴。非敗不換。性好學」。また中根の人間性を伝える文章が『中根雪江先生』に収められている。明治四年（一八七一）に中根の五女で十五歳の千代にあてて嫁ぐ女性の心得を記した「したとめ草」という手紙だ。妻の心がまえを細々と書いていて興味深い。その冒頭は「それ生きとしいける物の中にて人を尊しとするは、五常の性を□□□の道理をしれる故なり。されど慾といふもの有て、その慾の為に道理に外れたる事の出来□□□道理にはづれたる事となりては人にして人にあらず。鳥獣と同じ」「人の慾はさまざま無量にて数へ尽しがたし」などとある。焼け焦げの欠字があるが「旦那様を大事にしなさい」「御両親を大切にしなさい」「ひとの善悪の噂をしてはいけない」「朝は早起きしなさい」「すぐに夜具を畳みなさい」「女は愛嬌が第一」「御母上のお手伝いをなんでもしなさい」「炬燵に足を出して入ってはいけない」など長々記していて、娘を嫁がせる父親の情愛に満ちている。中根雪江はとても良い人なのだ。泰平の世ならば立派に越前藩を支えきったであろうが、権謀術数渦巻く慶応三～四年の京都の新政府内ではその優しさが挫折の遠因になったのではなかろうか。写真に残された中根の遠くを見つめるような表情が筆者にそのように思わせるのである。

（追記）

① 平成二十九年一月十三日付の中根雪江あての龍馬書簡の記者発表会の際に御子孫である中根勝行氏にお目にかかった。「先祖が急に脚光を浴びて光栄です」とおっしゃっていたのが印象的であった。

② ＮＨＫのドラマ『龍馬　最後の30日』『龍馬の遺言』では苅谷俊介がこの中根雪江を演じていた。春嶽大事の保守的な老人に描かれていたが、ドラマの中の役割であっただけで、実際は違うと思う。中根雪江の評価はもっと高くてしかるべきと考える。慶応四年八月の新政府辞任の背景は中根が幕末政治史のすべてをよく知っていたからではないか。薩長主導の維新政府（革命政府）からはそのような「過去を知りすぎた人物」は不要だったように思われる。中根雪江の辞職にはそのような歴史的意義があったはずである。繰り返しになるが、この釣り人スタイルの写真には深い意味が込められているのである。

Ⅲ　大政奉還の直前、龍馬は何を考えていたか

龍馬は大政奉還を望んでいたのか

大政奉還の直前、慶応三年（一八六七）の十月十日頃、坂本龍馬は何を考えていたのか。今さらそんな時点に意味があるのかと思われるかも知れないが、その後の歴史にもかかわる龍馬のちょっとした発言があるのでそれを紹介し、彼の真意を考えてみたい。

イカルス号事件の審理で足をすくわれた形の龍馬が長崎から土佐を経てようやく京都に到着したのは慶応三年十月九日のことである。兄権平への手紙に「此頃京坂のもよふ以前とハよ程相変、日々にごて〱と仕候得ども、世の中は乱んとして中々不乱ものにて候」（京都国立博物館蔵）などと書いている。この十月九日とは徳川慶喜による大政奉還表明のわずか五日前のことである。後藤象二郎に託した大政奉還策はどこまで進展しているのか、武力倒幕派の動向はいかがか、京都に着いたばかりの龍馬が知りたいことは多かったはずだ。

『維新土佐勤王史』（大正元年）が手元にある方は一一八〇頁を開いていただきたいが、その前頁からの内容を要約すれば、龍馬は海援隊の同志を連れて入京するとまず北白川の中岡慎太郎を訪ねて状況を語り合ったあげく中岡から新調の提灯数十個を示された。中岡は

「準備はすでに整ったので何時でも蹶起すべし」（夜襲の準備か）と告げ、暗に土佐藩の大政返上建白のために挙兵の機を失う愚を嘲ったという。龍馬は次に後藤象二郎の寓居に行って「其の永井等との応接の近状を詳にせし後、河原町三條下る醤油商の楼上に下宿せり」とある。その下宿、すなわち近江屋には陸援隊士が皆来て言うには「後藤は因循で（大政奉還策などを進めて、無駄に挙兵を遅らせるのは）土佐の名誉を地に落とす行為だ」と慨して止まなかったが、龍馬は彼らをなだめて「鎌倉以来七百年武家に帰した天下の大権を捨てせしむ大事件なれば、其の容易に運ばざるは敢えて怪しむに足らず」と言った。さらに「とにかく成り行きを見て大政奉還策が拒否されればその時点で正々堂々徳川幕府の罪を問うて挙兵すればよいではないか、君たちは土佐藩建白の成行を傍観せよ、その結果はすぐに出るだろう（要約）」と言った。そしてその次の文章が重要だ。「中岡の如きも、亦現に建白運動をいさぎよしとせざる一人にて、當時乾に報じて曰く、近日龍馬甚だ曖昧なり、決してご油断あるべからずと云々、蓋し中岡は、大久保と同じく全くの討幕の一本槍にて自然と其の意見の上に坂本と急漸の差を生じたるなり、一夕坂本は後藤に説きて曰く、建白の箇条に就き、幕府の悉く採用する能はざるものとすれば、先ず将軍職を辞せしめば如何と、後藤曰く、是れ幕府の最も惜む所なり、寧ろ先ず漠然と政権を朝廷に返上せよと勧告すること行われ易きなりと」（後略・傍線筆者）

『維新土佐勤王史』の史料性が問われるが、坂崎の創作ではなさそうなのはこの文章が龍馬を褒めておらず、ややネガティブな内容である点から推測されることだ。

龍馬が実際に「将軍辞職策」を後藤に伝えたことは書簡にも見える。慶応三年十月十日頃、後藤象二郎あての書簡だ（宮地佐一郎『龍馬の手紙』一一一番）。現物は残らないが中島家文書とされる写真がある。その冒頭は「去ル頃御健（建）言書ニ国躰を一定し政度ヲ一新シ云々の御論被行候時ハ、先ヅ将軍職云々の御論は兼而も承り候。（後略、傍線筆者）」とある。文脈が難しいが『維新土佐勤王史』から推定すると「先ず将軍職云々（先に将軍辞職の方が良いのではとの私龍馬の意見）に対する御論（政権返上が最優先だとの後藤殿の御意見）は兼ねて承っておりますが・・」の意か。後藤に否定されつつもまだこだわりを見せている。この書簡ではさらに「江戸の銀座を京都に移せば将軍職はそのままでもよい」（非倒幕論）という別のアイデアも記している。

慶応三年十月十日頃の京都は確かに混沌としていた。武力倒幕一筋の中岡慎太郎は龍馬が「大政奉還策の成り行きを見守れ」などと悠長なことを言っていることに対し「近頃龍馬の態度はとても曖昧だ（倒幕に本気なのか?）。龍馬には決して油断するな（幕閣と通じているのでは?）」と乾退助（板垣退助）に報じたとの記述が興味深い（書簡などの史料の裏づけが欲しいが）。中岡から見える龍馬は「曖昧で油断できない者」だったのだ。大政奉還の可否表明に時間がかかっているのは徳川方が京都に兵を集める時間稼ぎに使われているのではないかと中岡がイラ立つのも無理はない。

一方、坂本龍馬は後藤象二郎に「大政奉還建白書の条項をまるまる幕府が呑むとも思えないので、ここはまず将軍を辞めさせたらどうか」と言って反論されている。後藤の気持ちは「お前が言い出した大政奉還策を俺が必死で進めてきたのに、なんで今頃そんな中途半端なことを言うのか。ここは一気に政権返上に進まねばならぬ」という感じであろう。実際、龍馬が京都に着いた十月十日頃には幕閣はすでに大政奉還を決意していた段階である。後藤は交渉相手の板倉勝静や永井尚志からその感触を得ていたはずだ。龍馬がこの期に及んで「将軍辞職」などと言い出すのは時期遅れ・的外れに聞こえる。事態は彼の想像以上に進展していたのだ。しかし、将軍辞職が先という龍馬の提案はちょっと考えてみるべきだ。面白いアイデアに思える。いや政権返上よりもずっと良策ではなかろうか。

西郷と慶喜

倒幕派の雄である薩摩藩の武力倒幕論とは「幕府を武力で倒して朝廷中心の新国家樹立」（薩長主導の新政府）ではあろうが、その本質は「徳川慶喜が将軍である幕府を倒す」ではないか。西郷と慶喜とは安政年間に西郷が奔走した将軍継嗣問題以来の因縁だが、元治・

慶応年間に至り、薩摩藩の最大の敵は一橋（徳川）慶喜その人となったのだ。元治元年（一八六四）一～三月の参与会議や慶応三年（一八六七）五月の四侯会議の苦い経験を経て西郷・大久保は慶喜こそが除くべき敵の本体だと認識したはずだ。先君斉彬公の遺志を思えばまことに皮肉な話である。

薩摩藩に近い坂本龍馬（慶応三年六月に京都で開催された薩土盟約の会合で龍馬は西郷から慶喜の悪口を聞かされたはず）はそのことをよく分かっていて「慶喜さえ将軍を辞任すれば、薩摩は武力を行使しないのでは」との思惑でそんなことを後藤象二郎に言ったのではなかろうか。

将軍が辞職した方が確かに薩摩藩の勢いがそがれるであろう。慶喜が将軍ではない幕府は恐るるに足らずである。しかしこの時点で慶喜が将軍を辞めたら幕府はいったいどうなる？　次の将軍は誰か？　のちに徳川宗家を相続する田安亀之助（徳川家達《いえさと》）はまだ子供だ。

以下は筆者の想像だが、龍馬は腹の底でこの難局をのりきるために松平春嶽が徳川慶永として第十六代将軍あるいは将軍代理に就任し、そこでようやく打算的ではない「大政奉還」（春嶽公の持論だ）と大幅な政治改革が断行されるだろうと考えていたのではなかろうか。慶永による政権返上後は列侯会議の盟主（議長）を慶永公にしても薩摩藩は文句あるまい。そこまで想定しての将軍辞任論ではないか。ただし龍馬は春嶽を将軍にするのが目標ではなく、武力を用いない穏便な政治決着が主眼だったと思う。

慶喜が大政奉還を拒否（破談）すれば薩長らによる武力倒幕（戦争）。慶喜が大政奉還したからこそ慶喜排除の戦争（鳥羽伏見の戦い）。慶喜が将軍を辞職するならば戦争は回避されるかもしれない。大政奉還か否かの二者択一（どちらも戦争の確率が高い）ではなく、龍馬の「将軍辞職策」こそが戦争を避けられそうな第三の道に見える。単なるその場の思い付きではなく、意外に壮大な計画を龍馬は考えていたと推察されるのだ。ただし泰平の時代とは異なり、慶応三年の幕府は将軍慶喜と不可分であり、後藤が「是れ幕府の最も惜む所なり」と述べたとおりである。龍馬がこだわった「将軍辞職策」は実際は無理筋だったのだ。

現実はこの数日後に徳川慶喜によって大政奉還がおこなわれることになるのだが、それは龍馬から見て具合の悪いことであろう。なぜなら「絶倫の御英断によって政権を朝廷に返上された徳川慶喜公は御立派であられ、新政府においても重要な地位を保たれるべき」（山内容堂や後藤象二郎が言いそうだし、板倉や永井などの幕閣の思惑もそこにあるはず。龍馬もこのグループと見なされがち）という流れが世間的（慶喜のことをよく知らない人たち）には出来てしまうからであり、西郷・大久保からすれば極めて不愉快だ。薩摩藩のそういう気分を龍馬は分かっていたはずだ。大政奉還のせいで薩摩にとって最大の敵徳川慶喜が新政府の中心に居座る可能性が非常に高まったのだ。そののちの歴史を見れば、坂本龍馬の死後、十二月九日の王政復古のクーデターにより岩倉と大久保は徳川慶喜を無理やり「朝敵」扱いして徹底排除・武力行使の道を進めたのである（龍馬はそれを見通していたはず）。

坂本龍馬は薩長に近い倒幕派である。その龍馬が徳川慶喜を盟主に据えた新国家を考えることはありえないという証拠がこの大政奉還直前の「将軍辞職策」だ。龍馬は大政奉還を進めよという周囲からの幕府への圧力（言論と軍事）をなんとか慶喜辞任に向けられないかと考えていたのではなかろうか。あるいは徳川慶喜ならそれもお見通しかもしれない。将軍辞職よりは政権返上の方が自分に有利なのである。

イ、政権返上が先で将軍辞職が後
ロ、政権返上と将軍辞職が同時
ハ、将軍辞職が先で政権返上は後

この三種類の損得をよく比較すべきだ。慶喜は当然イを選ぶのだが、龍馬が描いていたのはハのパターンであろう。その真意は将来出来るはずの新政府から慶喜を排除すること、すなわち薩摩藩の思惑の反映ではなかろうか（龍馬は薩摩の手先なのかも）。

龍馬の豹変

慶応三年前半に坂本自身で提案したはずの「大政奉還策」だが、深く考えたあげく「これはマズい」と考え直したのであろう。「武力倒幕派」の中岡慎太郎や「大政奉還派」の後藤象二郎が十月十日頃の坂本龍馬に違和感を覚えた理由は彼がひとりで「将軍辞職派」だったからだ。「政権返上ではなく将軍辞任では如何？」などと後藤に漏らしたわずかな発言に龍馬の本心が透けて見えたのだ。また「江戸の銀座を京都へ移せば将軍職はそのままでもよい」という非倒幕論も戦争回避の方策のひとつである（中岡が聞いたら激怒しそう。龍馬の頭の中に次々と多様なアイデアが湧いていた証拠）。

慶応三年十月十日とは我々には過去であるが、龍馬や中岡や後藤には現在であり、大政奉還が実現するかどうかは未来の話なのである。

ところが十月十三日に至ると二条城へ登る直前の後藤象二郎に龍馬は書簡で「この際、なんとしても政権返上だけは成し遂げねばならぬ。出来なかったら腹を切れ（意訳）」と数日前とは正反対の政権返上への芝居がかった積極発言をおこなっている。後藤は「この前の意見と違うなあ」と苦笑したはずだ。この手のひら返しをどう見るかだが、「融通無碍」

や「君子豹変」という評があてはまるのかも知れない。慶喜による政権返上が現実味を帯びていることを理解したので（返上拒否［破談］が薩長による武力行使の口実だから）ここは政権返上を優先させ、当面の戦争を回避したうえで、自分がなすべき次の行動を考え始めたのではなかろうか。

中岡が評したように「龍馬は曖昧で油断できない者」であることを後世の歴史研究者も肝に銘じるべきだろう。

慶応の将軍継嗣問題

安政年間にあれほどもめた将軍継嗣問題だが、慶応年間のそれに注意を向ける人は少ないようだ。家茂が若くして第二次征長の真っ最中に大坂城で亡くなったのだが、その跡継ぎは「一橋慶喜しかありえない」は京大坂に駐在する幕府関係者の常識ではあろうが、江戸城からはどう見えたか。水戸嫌いの大奥の中には慶喜の将軍就任には反対が多かったはずだ。しかし平和な時代なら別だが、慶応二年（一八六六）の政治状況では慶喜以外に将軍はありえない。その代わりに江戸が出した条件が十五代慶喜の次は江戸の本流（八代将軍吉宗の血統）に戻して欲しいということだ。慶喜の子供でなく、田安亀之助を次代とすることが慶喜の将軍就任を認める条件であったのだ。もちろん江戸城の常識は徳川の世はこの先もまだまだ続くという未来図である。将軍慶喜に万一のことがあれば何が起きるか。田安亀之助が徳川家達として子供将軍に就任するだろう。さらに政治経験が豊富で外様大名を抑えられる有力な将軍後見職が不可欠だ。その人物は亀之助の伯父で、越前の前藩主で田安家出身の松平春嶽（田安慶永）以外にありえないと誰でも考えたはずだ。田安亀之助が十六代将軍になる日は春嶽公が江戸城の実質的な主人となる日であることを坂本龍馬だけでなく、穏健な徳川方なら考えていたはずである。江戸城の誰も慶応三年（一八六七）十月に将軍慶喜が大政奉還するとは思っていなかったはずだ。辞職も想定外だ。ただし、不慮の事故や突然の病気で亡くなることは頭の内に考えていたかも知れない。

徳川第十六代将軍はどうなるのか？などという問題は歴史ではなく歴史をベースにした幕末政治史のシミュレーションのようなもの。頭の体操だ。百五十年後の我々は大政奉還のことを良く知っているので、大政奉還をありうる「常識」だと考えがちだが、その当時の人たちに聞けば「大政奉還などありえない」「将軍の辞職なら少しはありえる」というものではなかろうか。

歴史は結果がすべてであり、結果のみから考察すべきなのは分かっているつもりだ。しかし慶応三年十月十日に龍馬らはその日を現在として生きていたことも事実だ。彼らの前には不確実な未来があったのだ。

真剣で戦うということ

平成二十八年（二〇一六）の七月、秋からの特別展覧会「没後一五〇年　坂本龍馬」（京都国立博物館）の作品調査のため筆者が京都東山の霊明神社に伺った暑い日の午後のこと、社務所の座敷で村上繁樹神主から「あの刀もありますよ」と告げられて何のことか気付くのに少し時間がかかったが「林田の刀ですよ」と聞かされ、白鞘から抜いてみた刀（銘兼元）の凄まじい刃毀れを見た瞬間にすべてを思い出した。以前『近時新聞』第六号（平成二十三年三月）に書いた「ギザギザの日本刀」で紹介したパークス襲撃事件で使われた中井弘の刀と戦いあった刀だったのだ。『近時新聞』をお読みであった村上様に「うちには林田貞堅の刀がありますよ」とのお話をいただき、「そのうち博物館で中井の刀と並べて展示出来るといいですね」などと以前に会話していたことをその刀を見るまですっかり忘れていたのである。その場で村上様に「龍馬展に是非お貸し下さい」とお願いして即座に快諾いただいたのである。

慶応四年（一八六八）二月三十日、京都御所に参内する途中の英国公使ハリー・パークスス一行の列に攘夷を標榜する二名が白昼堂々と斬り込んできたのだ。林田貞堅(朱雀操)と三枝蓊《さえぐさしげる》のふたりだ。京都祇園の繁華街には英国人の行列を見ようと物見高い京都人が人垣をなしていたところへの斬り込みだ。赤穂浪士のような夜襲ではなく、白昼の正々堂々たる行為である。英国外交団一行の列を先導していた中井弘は馬を飛び下りて林田と日本刀で激しく渡り合い、転倒してあやうかったところを後藤象二郎の助けも受けて林田の頸を刎ねたのである。公使は無傷で助かり日英間の重大事はなんとか免れたのである。この話は「ギザギザの日本刀」に詳述したので参照いただきたい。

現代人の言う「真剣にやれ」などという生ぬるいものではなく「パークス殺るべし」という確信を抱いた人間(林田)と「絶対に公使を傷付けてはならん」という確信をもった人間(中井)の日本刀での斬り合いは形容詞でなく「火花の飛び散る」ものであったはずだ。現代人には想像もつかない真剣同士のぶつかり合いである。チャンバラ映画とは違うのだ。また竹刀剣術とも全く異なるものという。最近、吉村昭氏のエッセー(「『桜田門外ノ変』余話」『史実を歩く』文春文庫、平成十年)を読んでいたら、万延元年(一八五二)三月三日の「桜田門外の変」の事件現場には雪の上に鮮血と指や耳が多数落ちていたという。参加者の後日談によると彦根藩士らは水戸浪士らの斬り込みに動転してのぼせあがり、剣術の基本を忘れ、無我夢中で斬り合ったために間合いを忘れて鍔迫り合いをして指や耳を失ったという。また混乱のあまり彦根藩士同士でも斬り合ってしまったというのだ。剣術道場での強さと実戦とは全く異なるらしい。

さらにこの桜田門外の変では襲撃されて主君井伊直弼の首を持ち去られた護衛の彦根藩士のひとりは現場を遁走したあげく、ある寺院に逃げ込んで「武士はやめるので寺男としてここに置いてください」と住職に懇願してそのまま生涯を寺男として過ごしたという驚くべき話も吉村昭氏は書いている。考えてみれば彦根藩邸に戻っても殿様を討たれた護衛の藩士に居る場所はないだろう。切腹を命じられるレベルの失態だ。ここが武士の大変なところである。まこと「戦いは勝つか死ぬかの二者択一」である。負けて生き延びることは武士としては難しそうだ。土方歳三が「士道不覚悟の者は死」という厳しすぎる隊規を掲げたのもうなずけることである。

龍馬展に関連して中井と林田の刃毀れの激しい刀のことを各方面の方々に尋ねたが、戦いあった日本刀が両者ともに残り、さらに一緒に展示されたことはないとのことである（鹿児島の黎明館には寺田屋騒動の際の刃毀れある刀が残ると聞いた）。また近年数多い刀剣女子の目には二口の刀がどう映ったかのかも聞いてみたいものだ。

パークス襲撃事件での両者の戦いとは「開国和親」か「鎖港攘夷」なのかというペリー来航以来のふたつの大きな流れの帰結点であった。単なる刃傷沙汰などではなく歴史的に意味のある斬り合いだったと言えよう。中井弘の記録を読むとのちに林田貞堅の追悼会を開催し、敬虔な態度で焼香したという。「斬った者も斬られた者も心は一つである。結局何方も国を愛するという考えから起こったことである」と中井は述べている。それもまた単純に勝者が善、敗者が悪などという観念とは異なる武士道の現れであろう。どれもこれも真剣勝負の無い時代に生きる者からは想像のつかないことである。

（追記）

記録のある歴史上の斬り合いで戦った両者の刀が保存され、合わせて展示されたことはなかったはずだ。二振の刀の傷同士を照合することも将来可能ではあろう。拙稿「ギザギザの日本刀」『「霧島山登山図」は龍馬の絵か？　幕末維新史雑記帳』（教育評論社、平成二十八年）参照のこと。

月岡芳年と大河ドラマ

平成三十年（二〇一八）の一月に、神戸ポートアイランドの神戸ファッションミュージアムで開催されていた月岡芳年《つきおかよしとし》の展覧会、『芳年　激動の時代を生きた鬼才浮世絵師』を観に行ったのだが、その感想を書いておきたい。

月岡芳年（天保十年〜明治二十五年）は歌川国芳門下の浮世絵師であり、明治には大蘇《たいそ》芳年の名前で歴史画を中心に様々なジャンルの錦絵を大量に描いて人気だった、などとはネットでも読める概要だ。芳年の最も有名な作品は半裸の妊婦を天井の梁から縄で逆さ吊りして、その下で包丁を研ぐ鬼婆を描いた「奥州安達がはらひとつ家の図」（明治十八年）であろう。当時の政府から発禁処分とされたのも良く分かるほどの衝撃的な画像である（子供は見たらダメ）。血まみれ・残虐・無残がキーワードとされる画家だが、日本史の面から芳年を考えてみたい。

歴史のとらえ方には様々な角度があると思うが、ここでは「歴史画が歴史に及ぼした影響」について考えてみたい。なぜならこの月岡芳年が日本史を題材に描いた歴史画が逆に日本史のある部分をつくったのではないかと思うからだ。

幕末物で我々がよく知る芳年の作品は鳥羽伏見の戦いの敗報を受けてひそかに大坂城を脱した徳川慶喜が小舟で大坂湾を進む様子を表わした「徳川治蹟年間紀事　十五代将軍徳川慶喜公」（明治八年頃）であろう。慶喜の行状で一番不面目な部分を描いたことで彼の印象を後世まで決定づけた錦絵である。しかしこの画は芳年が見た実景ではなく、想像して描いたものである。だが見てきたかのように描かれている。後世の映像制作者はこの錦絵をもとに鳥羽伏見の戦の最後あたりを撮影するはずだ。他には桜田門外の変を描いた錦絵も複数存在する。これも見てきたかのようだ。幕末の展覧会を担当する者としてはついならべてしまいがちだが、もちろん芳年はその事件を聞いて描いたのであり、目撃していないはずだ。

展覧会の『図録』によると月岡芳年が目撃して描いたものは「魁題百撰相」のシリーズとされる。その解説文には「芳年は、明治元年（一八六八）五月の上野戦争の折り、戦場に赴いて傷ついた兵士たちや死者の写生をおこなったと伝えられている。（中略）戦場の緊迫感や苦悶の表情がリアルに描写されている」（川西由里）などとある。上野戦争での目撃経験をもとに別の時代の歴史画を描いたのだ。「魁題百撰相」のうちでは「駒木根八兵衛」の画は銃を構えてまっすぐに鑑賞者を狙う構図が斬新だ。彰義隊の兵士を題材にしたとされている。

月岡芳年は龍馬を錦絵に描いていないが、西郷隆盛については西南戦争を中心にかなりの数を描いている。神戸会場で見たものを挙げてみよう。「西郷隆盛切腹図」（明治十年）は鹿児島城山ではなく海上の小舟の上での切腹場面であるところが興味深い。また「隆盛龍城攻之図」（明治十年。「新政厚徳」の旗を掲げた西郷と月照の軍が波の中を魚に乗って進み龍宮城を攻める図）に至ってはもうファンタジーであるが、そのダイナミックな構図は素晴らしい。さらに「西郷隆盛霊幽冥奉書」（明治十一年）は黒バックに不気味な表情を浮かべた西郷の幽霊が右手に建白書を持って迫ってくる異様な作品となっている。髪やヒゲ、軍服のモールなどの細密な表現が怖い。月岡芳年は西郷がいったい何を「建白」すると考えていたのだろうか。また明治十二年（一八七九）の「日本武名伝」には十四人の中将・少将・大佐らを左右に従えてその中心に西郷吉之助隆盛が描かれている。

「魁題百撰相　駒木根八兵衛」（都立中央図書館特別文庫室蔵）

月岡芳年の描いた歴史画は幕末にとどまらず神代から平安・鎌倉・戦国・江戸・明

治時代に及ぶ。その代表例は「義経記五條橋之図」（明治十四年）であろう。東山にのぼる満月を画面の中央に置き、五条大橋の上で弁慶の攻撃をかわして華麗に跳び上がる源義経（牛若丸）が描かれている。見る者を驚かす劇的表現であり、ケレン味たっぷりだ。V字形の構図も大胆で、「名場面」という言葉がふさわしい。明治前半の絵画とは思えないほど新鮮な表現であり、現代の漫画劇画にも決して劣らない。鑑賞者を引き付ける魅力に満ちている。このような月岡芳年の人気は明治時代において、講談や歴史本ともあいまって多くの「歴史好き」を生むことになったのではなかろうか。

文字で読む本、観る芝居、聴く講談とともに芳年のような「歴史画」（錦絵・印刷物）の普及が「劇的な、そして物語的な」歴史（学問としての歴史ではない）の理解のすそ野を日本中に広げたのであろう。

歴史の物語（平家物語・太閤記など）→物語をベースとした歴史画（芳年などの歴史を題材とした想像画、龍馬なら汗血千里駒の挿絵など）→物語の再生産（歴史小説など）→大正・昭和前半頃の時代劇やチャンバラ映画→物語の再生産（司馬遼太郎など）とそこから派生する歴史研究の進展（戦国と幕末を研究対象とする者が多いのはそういう意味だろう）→大河ドラマや歴史漫画など、というような流れは考えられないだろうか。「文学・史料」と「画像・映像」の相互交流だ。現代の歴史ドラマ、時代劇につらなる系譜の初期段階に芳年の錦絵を位置づけても良さそうだ。大河ドラマの御先祖様のひとりが月岡芳年なのである。

我々は文字で書いたものを史料と呼んで研究対象とし、たとえば龍馬評価の変遷を著作物の出版年順に検証してあれこれ書いたりするのだが、「画像・映像」には意識が向いていないような気がする。歴史に及ぼした画像の影響はもっと評価されて良いはずだ。「大河ドラマはドラマであって歴史ではない」という意見は承知のうえで、あえて「歴史とはつまるところ物語であり、時代劇である」と言うことも出来るのではなかろうか。

十五年も前にドイツでドイツ人に「ドイツには『水戸黄門』のような時代劇はあるの？」と日本語で聞いた際に、「無いね。イギリスの歴史ドラマはテレビで見るけど」との返事だったことを思い出した。時代劇がない国もあるのだ。大河ドラマ「西郷どん」をテレビで見ながら、映像で表現される「歴史」なるものがいったい何かを考えているのである（月岡芳年は刊本『汗血千里駒』の表紙で龍馬と千葉光子〈佐那〉のふたりを描いている）。

歴史を描くことの歴史

前項で月岡芳年の錦絵に着目して、歴史における「画像の意味」を考えてみたが、広く東アジア史的にその祖先を遡ってみたい。

日本史の中で歴史を描いた絵が出現するのはいつ頃だろうか。応天門の変を描いた十二世紀の「伴大納言絵巻」あたりか。八世紀初頭の高松塚古墳などの古墳壁画は歴史を描いてはいないようだ。

東アジアではどうか。博物館に収められている「武氏《ぶし》祠壁画拓本」を見ながら思うことがあったのだ。

武氏祠とは中国山東省嘉祥県にある石壁に薄肉に彫られた様々な画像をもつ後漢二世紀頃の武氏一族の石室墓のことだ。清代にレンガ製の祠堂に改築された。車馬図や人物図、神仙図などの多様な画像石のなかに「荊軻《けいか》刺秦王」の図が含まれていて興味深い。

紀元前三世紀終わり頃、強大な秦国に圧迫されていた弱小国燕の太子丹は戦争ではかなわないので、非常の手段として秦王政（のちの始皇帝）のもとに荊軻という刺客を送った。

「『武氏祠画像石拓本』のうち逃げる秦王（右）と刺客の荊軻（柱の左側）」（京都国立博物館蔵）

計略を用いて秦王に接近した荊軻は隠していた匕首《あいくち》（短刀）で秦王に斬りかかったのだが、王は攻撃をかわしながら逃げまわった。秦王政はようやく手にした剣で荊軻を斬り伏せることが出来た、という歴史物語だ。司馬遷が前漢代に『史記』に記し、後漢代の武氏祠に文字ではなく画像として石に刻まれたのである。

画像石は逃げる秦王政（右）と羽交い絞めされる荊軻（左）の姿である。その表現は静的ではなく、極めてダイナミックである。漢代では前時代の秦に批判的な歴史物語が好まれたとされるがその一例であろう。しかしよく考えてみればこれは事件を一枚の画面の中に「歴史画」として閉じ込めた東アジア最古の例ではなかろうか。

歴史が画像化され、二千年後の我々も「ああ、有名なあの場面ね」と理解できること、それが歴史の画像化の意義である。龍馬でたとえるなら、寺田屋で襲われた龍馬が捕吏にピストルをぶっ放す場面がドラマに欠かせないようなものだ。やらなかったら苦情が出るだろう。

歴史を絵画で表現することはやがて絵巻や芝居絵や映画やテレビドラマや漫画やアニメに引き継がれ、歴史ファンを増やしてきたのだ。武氏祠に刻まれた荊軻や秦王の姿を見ながら「歴史の名場面を絵に描くこと」がこの辺から始まったと思うし、歴史を題材にする「大河ドラマ」の始祖をこの武氏祠の画像石だとしても良いと思う。

鞍馬寺所蔵の鉄扇

太陽や月や星のような天文は現在の電気照明時代では知っているようであまりなじみはない。月の無い夜に星をゆっくり見るようなことは天文ファン以外にありえない。しかし電力で照明するようになる前は、ラジオやテレビが夜の居間を占拠する前は、日の入りや月の出、星座や惑星の動き、流星や彗星などは人々の暮らしに大いにかかわっていたはずだ。現代人は天体をテレビや本やネットで見ている時代だが、江戸時代の人々には天文は身近であったはずである。

さて京都市左京区の鞍馬寺には「武蔵坊弁慶の鉄扇」なる作品が保管されている。以前から画像で知っていたのだが、平成二十九年（二〇一七）の九月に鞍馬寺霊宝館で特別に拝見させていただいた。

鉄扇というのは通常の木材竹材でつくられる扇とは異なり、外側の二枚の材が重みのある丈夫な鉄でつくられている。中骨も鉄製である。懐に入れて暑い時にあおいで顔をクールダウンするという普通の扇ではない。護身用の武器であり、敵の刃を防衛するために武士が懐中していたものだ。これで激しく打ち据えれば敵にダメージも与えられよう。幕末ではあの芹澤鴨も持っていたとされるものだ。

鞍馬寺の鉄扇を拝見した理由は、その表面に「七星紋」が描かれているからだ。この反対面は銀箔による円紋であり、それは月を表わしているようだ。表面の「七星紋」は正確には北斗七星のことである。しかし通常の北斗すなわち「ひしゃく」の形には全く見えない。なぜこれを北斗七星とするのかが面白いところである。

七星が線で結ばれたいわゆる星座スタイルで、星が七つなのでこのような渦状の配置なのだが、これが北斗七星である理由は右下の最後の星の形にある。よく見ていただくと、その最後の星に「剣先」が表現されているのだ。不動明王が持つ剣のような形である。

この剣先をもつ星は古代中国の天文学で「揺光」と呼ばれる北斗七星の柄の尻に当たる星のことだ。もちろん実際の星に剣が生えたりしていないが、人間がつくる天文図に載っている。ただし古い天文図でも星から何か生えているものはこの「揺光」星以外にはない。その意味ではとても珍しい星だ。この「揺光」は別名「破軍星《はぐんしょう》」と呼ばれ、勝負を司る意味があるとされる。北斗七星の柄の先にあたるこの揺光（破軍星）が指す方角に意味がある。その方に向かって戦えば破れ、その方を背にして戦えば勝利すると古くから伝えられてきた勝負の星なのである。

すなわちこの鉄扇には勝負を司り、必勝を願う意味が込められているようだ。武にかかわるものであるということだ。その意味では寺伝でいう「武蔵坊弁慶の鉄扇」には意味が通ずるのだが、その実態は十二世紀末の弁慶の遺品ではなくて、芹澤鴨の生きた時代に近い江戸時代後期、十九世紀前半頃の作品であろう。

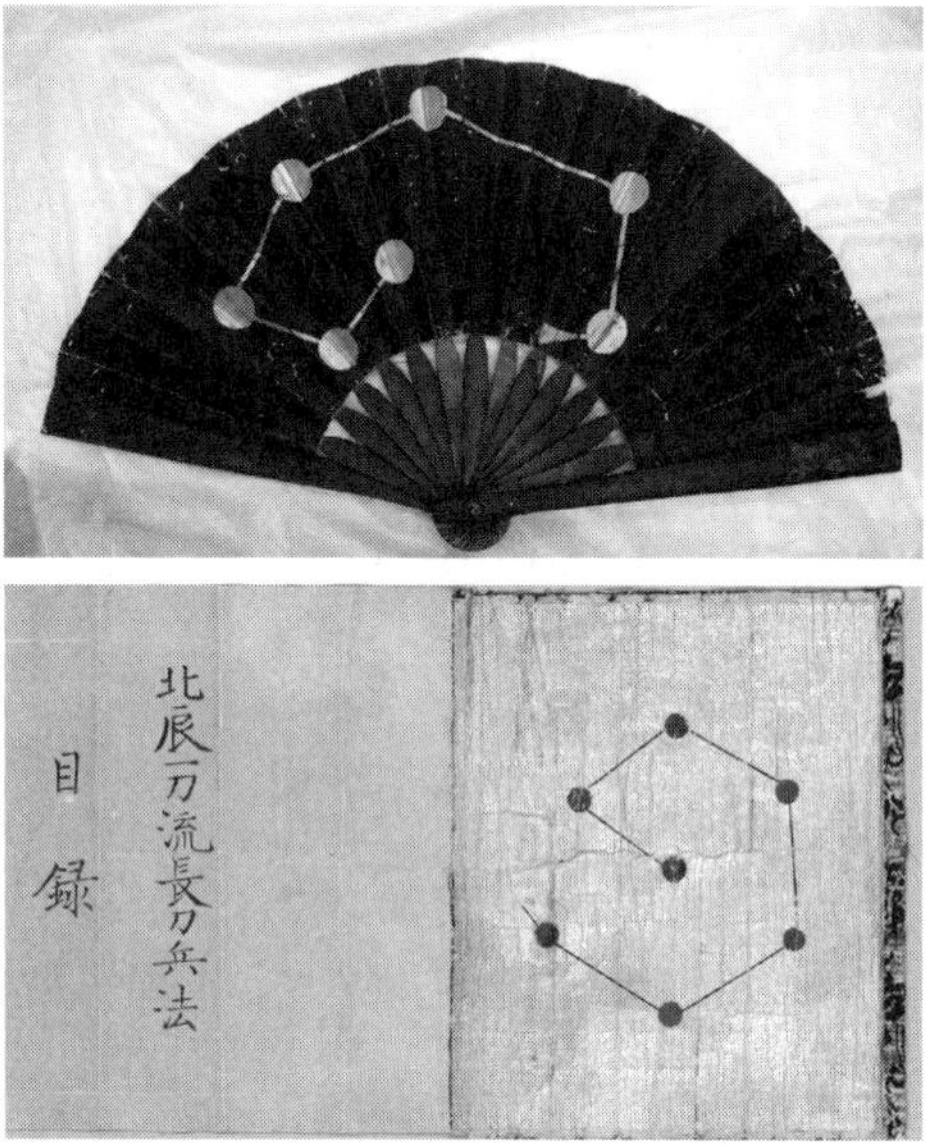

（上）「武蔵坊弁慶の鉄扇」（鞍馬寺蔵）　（下）「北辰一刀流長刀兵法目録」（高知・創造広場「アクトランド」蔵）

　その証拠はこの七星紋（北斗七星）の図像が坂本龍馬の関係資料にあるからだ。龍馬の「北辰一刀流長刀兵法目録」の巻物の見返し部分にそれが描かれている（高知・創造広場「アクトランド」蔵）。鞍馬寺の鉄扇の図像と比べてみれば明らかだが、類似の図像である。

　北辰一刀流は江戸時代後期、十九世紀に剣豪千葉周作が開いた剣術流派である。坂本龍馬は安政五年（一八五八）に千葉周作の弟の千葉定吉からこの目録を授かっている。同様の七星紋を清河八郎が嘉永五年（一八五二）に千葉周作からもらった「北辰一刀流兵法箇條目録」（山形県・清河八郎記念館蔵）の見返しにも見ることが出来る。

筆者の興味はこの「七星紋」の広がりである。鞍馬寺の鉄扇を見ると北辰一刀流に留まらない図像であったことが想像される。

テレビを見ていて知ったのだが、山梨県の寺院に「武田信玄の鉄軍配」なるものがあり、川中島合戦で上杉謙信の太刀をこの鉄の軍配で受けたために刀傷もあるという。その軍配の表面にも本例同様の七星紋が鋳造で表現されていたのだ。揺光に剣先ももっているようだ。こちらの遺品も真に武田信玄が使用した軍配か否かは不明であるが、戦国時代の武将にまつわる遺品とされているところが興味深い。

鞍馬寺の鉄扇は北斗七星の図像を「戦闘勝利」とか「武芸の極意」などとされた江戸後期の要素が色濃いものなのである。「武蔵坊弁慶の遺品」という由来伝承は江戸時代後期の誰かが付したものであろうと推察する。

＊拙稿「北斗七星の指す方角」『「霧島山登山図」は龍馬の絵か？』（所収）参照のこと。

Ⅳ　龍馬の刀、手紙、遺品

龍馬の日本刀

京都国立博物館が恩賜京都博物館であった昭和六年（一九三一）、札幌市在住だった坂本弥太郎氏から坂本龍馬関係資料一括が寄贈された。八十年余りも前の話である。坂本龍馬資料として第一級の価値をもち、その大部分が国の重要文化財に指定されている。本稿はその中の龍馬の刀二口（重文未指定）について検討するものである。

一、刀　銘吉行（陸奥守吉行作）

全長九二・七センチ、刃長七一・五センチ、茎長二一・二センチ。刀身反り〇・四センチ。拵《こしらえ》はなく白鞘のみである。白鞘の片面には「坂本龍馬佩用《はいよう》　大正二年（一九一三）十二月二十六日釧路市大火ノ際罹災ス」と墨書されている。これは坂本弥太郎の文字であろう。

刀は反りがほとんど無く、ほぼ直刀に見える。また刃文もまっすぐに見える。そのためこれが本当の龍馬の佩刀「吉行」で良いのかとの疑念があったため、後述の埋忠明寿《うめただみょうじゅ》の刀

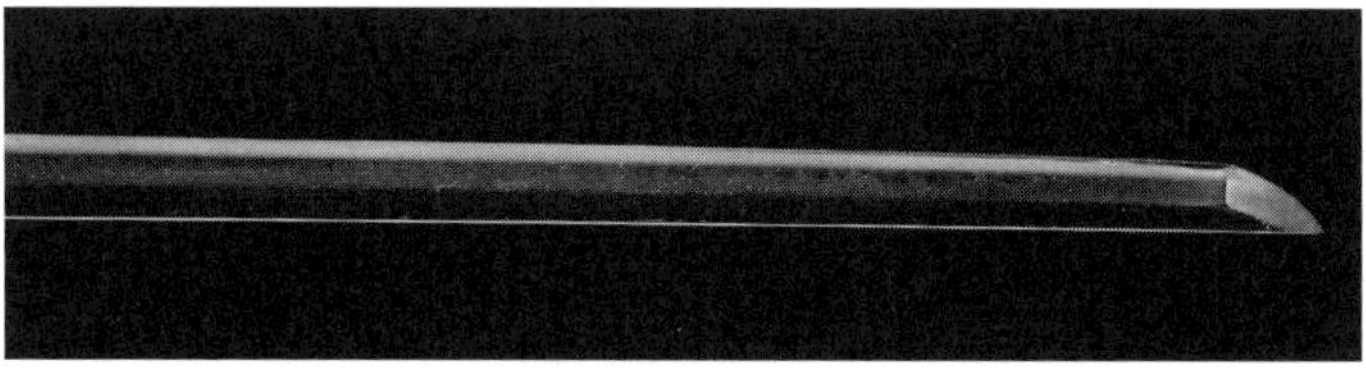
「龍馬の佩刀、銘吉行」(京都国立博物館蔵)

とともに平成十一年(一九九九)の国の重要文化財指定作業に際して指定外としていたのである。しかし近年、これが伝承どおり龍馬佩刀で良いことが分かってきた。

吉行の刀身に反りが無いこと

まず直刀風に見えるその形状の問題である。これが現状でまっすぐに近いのは本来反りがあったものが、火災によって反りが失われ、変形したためと考えられる。

刀の反りの問題は日本刀の特性の一つで、刀製作の最終段階で刃に焼き入れをする際に発生する(多少の反りが焼き入れによって反りが増す)という。この吉行の場合、もともと反りをもっていたが、大正二年十二月に釧路坂本家の火災に際して、ある温度まで熱せられたために反対に「反り」が失われる方向に変性変形したらしい。これは冶金工学の問題である。たとえば古墳時代の出土刀に多く内反りのものがあるが、最初から内反りではなく、一五〇〇年もの間、土中していたために腐食などによって刃部の支えが失われ、結果として内に反ってしまったものであり、古墳時代の製作当初は直刀であったはずである。内反りの刀など製作にも使用にも不合理である。鞘がつくりにくい。出土品がそうだが、現在の見かけに引きずられてはいけない。龍馬の「吉行」を見れば「刀の形は変わる」のである。この日本刀の反りに関する科学的研究については、臺丸谷政志『日本刀の科学』（サイエンス・アイ新書、平成二十八年）に詳しい。

吉行の刃文については現状では直線的に見えるが、釧路での焼損ののちに砥がれた際の模様のようなものであり「刃文」ではない。再刃、すなわち再度の焼入れもされていない。実際、この吉行の本来の刃文であるはずの「拳形丁子《こぶしがたちょうじ》」であったことが平成二十七年（二〇一五）秋に京都国立博物館での金工担当者と筆者との詳細な観察（光源の角度を変えながら刃部を詳細に見る）で判明したことである。この刃文は肉眼では見えても普通のデジタルカメラやビデオカメラでは撮影出来ないものだった。そこで館外の専門業者に依頼して文化財専用のスキャナーを用いて吉行の刀を撮影し、さらに微妙な刃文の形を強調するような画像処理を施して、ようやく写真として提示出来ることとなったのだ。しかしその刃文はこれまで気付かないほどうっすらとしたものであり、展示室のガラス越しに見て認識することは難しい。

さて、この刀が伝承のように近江屋での龍馬遭難時の刀であるかどうかの問題に触れるならば、切っ先から五分の二あたりにわずかな歪みがあることが天井蛍光灯の光の反射の変化によって分かる（これもガラス越しでは確認は困難だ）。これが龍馬遭難時に起きた打撃による変化かどうかは即断出来ないが、刀がこのあたりにダメージを受けていることは事実である。焼失した元の鞘の写真に見える傷とも一致する可能性が高いと考える。

坂本家伝来の文書から

さらに平成二十七年秋に内容が確認された坂本弥太郎から恩賜京都博物館への「寄贈品目録」（控・昭和五年十月二十六日）によると、

「一、長刀「吉行」在銘
但此刀ハ元ト西郷吉之助佩用セシモノニシテ
龍馬ニ贈ル以来坂本之ヲ佩用ス
慶応三年十一月十五日坂本、中岡ト共ニ京都
河原町ノ寓居ニ於テ刺客ニ遭ヒ突嗟ノ場合
鞘ヲ払フニ暇ナク鞘ノ侭ニテ受ケタルハ即チ
此刀也。

然ルニ大正二年十二月二十六日北海道釧路市
大火ノ際仝市ニ居住セシ坂本家類焼ト共ニ
此刀モ亦罹災ス。刀身ノ無反トナリタルハ
焼ケタル結果也。約八寸ノ裂ケ目アリタル鞘ハ
焼失セリ」

とある。「西郷吉之助の佩用せしもの」とは坂本弥太郎の認識の間違いであり、実家の兄坂本権平から西郷経由で龍馬に渡ったものとするのが正しい。「刀身が無反となったのは火事で焼けた結果だ」と弥太郎は書いている。

すなわち刃文の検証と坂本家資料の中の「寄贈品目録」の記載の内容から、この吉行を京都近江屋での龍馬「遭難時の刀」とすることに問題は無いと考えて良い。すなわち「伝坂本龍馬佩用」ではなく「坂本龍馬佩用」と記載してもかまわないと考える。

この吉行は慶応三年（一八六七）六月二十四日付の龍馬の手紙の中で兄坂本権平から西郷吉之助を経由して龍馬に渡ったもの（「先頃西郷より御送被遣候吉行の刀」）だと記されている。「京都の刀の目利きに見せたところ皆、粟田口忠綱くらい（の名刀）だと褒めてくれた」とある。粟田口忠綱の作風とこの吉行の作風の差異と共通性については末兼俊彦の論

考（「坂本龍馬の愛刀と幕末の刀剣事情」『没後一五〇年　坂本龍馬』特別展覧会図録、平成二十八年、所収）があるので参照いただきたい。末兼によれば「粟田口忠綱」という刀に関しては江戸時代の評価に別の意味があるという。すなわちこの手紙で龍馬が「粟田口忠綱」の名前に言及したことには幕末当時に知られていた刀にまつわる歴史（具体的には天明四年の江戸城内での若年寄田沼意知〈意次の息子〉襲撃事件に用いられた刀が忠綱だったというもの）が反映したとの考察である。

ともあれこの吉行が坂本龍馬の慶応三年後半、十一月の暗殺時に所持し、敵の攻撃を受けとめた刀であった蓋然性は非常に高くなったのである。

二、刀　銘埋忠明寿

坂本家から寄贈された刀のもう一口がこの「埋忠明寿」の刀である。拵も残ったこの刀は博物館ではながく「島村衛吉」の佩刀としてきたが、その根拠は昭和四年（一九二九）の東京青山会館での土佐勤王志士遺墨展に掲載された図録に拠っている。しかしながら土佐勤王党の同志で慶応元年（一八六五）には高知で獄死した島村衛吉の刀がなにゆえ坂本弥太郎から恩賜京都博物館へ寄贈されることになったのかなど疑問点も多く、近年は京都国立博物館でも他館への貸し出しや展示をおこなってこなかった。しかし平成二十八年（二

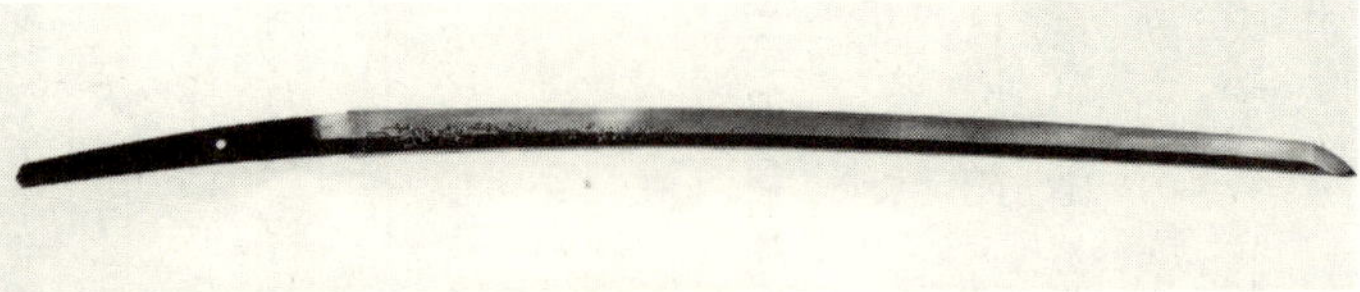
「龍馬の佩刀、銘埋忠明寿」(京都国立博物館蔵)

〇一六)に内容が調査された「坂本家伝来資料」の中から坂本弥太郎の残した記録が見つかり、この埋忠明寿の刀の由来が判明した。

坂本弥太郎の記録(昭和五年の寄贈品目録控)によればこの明寿はもと坂本龍馬の刀であったが、海援隊士菅野覚兵衛が譲り受け(慶応二〜三年のことか)、ながく菅野家にあったものが明治四十年(一九〇七)には坂本家に戻ってきたものとの記載である。原文は、

「一、長刀「山城国西陣住埋忠明寿」在銘
此刀ハ元ト龍馬ノ佩用セシモノヲ當時ノ志士ニシテ海援隊ノ最高幹部タル菅野覚兵衛ニ贈リタルモノ也 之ヲ明治四十年故アッテ菅野家ヨリ坂本家ニ返戻アリ爾来坂本家ニ蔵ス」

この埋忠明寿が昭和四年(一九二九)の青山会館での展示でなにゆえ「島村衛吉」の刀として写真掲載されたかは不明だが、ただの誤りなので

あろう。あるいは別の意味があるのだろうか。京都国立博物館側には当時の寄贈経緯を記した文書は残っていないが、そもそも龍馬ゆかりの遺品だけが恩賜京都博物館に寄贈されているので、龍馬の刀ではない刀がわざわざ寄贈される可能性は低いと考える。坂本弥太郎氏の記録のとおりこの埋忠明寿もまた坂本龍馬佩用の刀としても良いだろう。

刃長七〇・四センチ。茎の銘文は「山城國西陣《ママ》住埋忠明寿」。と明寿風の樹木（梅の木）の彫刻と裏面には梵字の彫刻が見られるが、埋忠明寿の真作ではないと京博の金工担当者は述べている。

朱鞘の拵は完全に残っていて、大正二年に釧路市にはなかったのかとも思われるが、その正確な来歴は不明である。拵の質は高いという。

坂本龍馬が何故、京都ゆかりの「埋忠明寿」を持っていたのか記録からは明らかに出来ないが、刀身に彫刻された「梅の木」と「才谷梅太郎」の変名とに何か関連があるのではと想像するばかりである。

（追記）

平成二十七年に存在が明らかになった脇差（備前長船銘）に関しては「再発見！龍馬の脇差」（『「霧島山登山図」は龍馬の絵か？』所収）に記したのでそちらをお読みいただきたい。

慶応元年九月九日、龍馬は手紙をどう書いたのか

鳥獣戯画の修理

平安時代の絵巻物で最も有名な作品の一つが京都栂尾《とがお》の高山寺が所有する国宝「鳥獣人物戯画」であろう。鳥獣戯画とも略されている。展示すれば多くの来館者が見込めるので、日本各地で特別展がおこなわれてきた。読者の中にも近年どこかの博物館でご覧になった方が居られるであろう。また海外の美術ファンにも知られているものだ。蛙と兎の相撲などの場面が有名な墨画である。擬人化された動物や麒麟や龍などの非実在の生き物、人間の庶民の暮らしぶりや遊びなど多様な画題が描かれている。柔らかな筆線で描かれたユーモラスな表現は日本の漫画やアニメの祖先と言える。

平成二十三年（二〇一一）、全部で四巻ある「鳥獣人物戯画」のうち人物画を中心とした丙巻に「もともと和紙の表裏に描かれた絵を二枚に剥がして別々に表装したものがある」という報道がなされた。一枚の紙の表裏に描かれた人物群像を、江戸時代に保存のために

巻物に仕立てる段階で、表裏を二枚に剥がして、別々の絵として見られるように表装されていたのだとする内容だ。蛙や兎や猿が登場する有名な甲巻は当初から巻物であったが、丙巻はずっとあとの江戸時代に巻子に仕立てられたのだ。表裏を二枚に剥がした絵が存在することが分かったのは近年、鳥獣人物戯画の本格的な修理に際して詳細な調査がおこなわれたからだ。表裏に絵が描かれていたとされた根拠は紙のサイズが同じことと人物の烏帽子の部分の濃い墨が紙の裏にまで浸透し、それを反転させると別の絵（反対面だった絵）の烏帽子の位置と一致したからである。今までは単なる墨汚れと認識されていたらしい。

表裏を剥がした龍馬の手紙

この鳥獣戯画の一部に表裏を剥がして巻物にされた絵がある、という話を筆者が聞いたのは博物館での学芸会議の最中であった。絵巻物を担当する学芸部の室長が、その新知見をマスコミ向けに記者発表する予定だ・・という話を聞きながら、ハタと気付いたのだ。龍馬の手紙にもそれがあることを。会議終了後、急いで収蔵庫へ行って保管されている龍馬の書簡類巻子を広げて見てそれを確認した。いや平成二十三年に至ってやっと気付いたというのが正しい。

その手紙とは京都国立博物館が所蔵する重要文化財坂本龍馬関係資料のうち、文書集一に貼り込まれた「慶応元年九月九日、乙女・おやべ宛」（縦一五・九センチ。横三三五・〇二センチ）の手紙である。龍馬の妻となる楢崎龍（おりょう）が悪者と大喧嘩して妹を取り返したという武勇伝が記されたとても有名なものだ。伏見の寺田屋で書かれた手紙だ。慶応元年（一八六五）のこの時期、龍馬は長州と京都の間を往来しながら薩摩藩と長州藩の連携を画策していたはずだが、そんなことは全く記されていない。姉や家族におりょうを紹介するのが手紙の主題だ。九月九日は重陽の節句（休日）なので、龍馬も一日、寺田屋で寛ぎながら故郷への手紙を認めたのだ。その一通がこの「乙女・おやべ宛」であり、もう一通は「池内蔵太の家族宛」（大阪・個人蔵）である。まだ他に書いたかも知れない。

京都国立博物館の書簡集に貼り込まれたこの手紙は、現状では上下二段に分かれている。「九月九日」という日付が上段にも下段にも出てくる。一見、二通かと思えるほどだが、内容の関連性からやはり一通の手紙であることは疑いない。筆者はずっと以前から「不思議な手紙だなあ」と漠然と思っていた。しかしその理由を深く考えることはなかった。ながく見過ごしてきた疑問だった。

しかし、この手紙は紙の表裏に文章が書かれていたものを後世、物理的に二枚に剥がし、幅広い巻子の上下二段に貼り込んだものだったのだ。

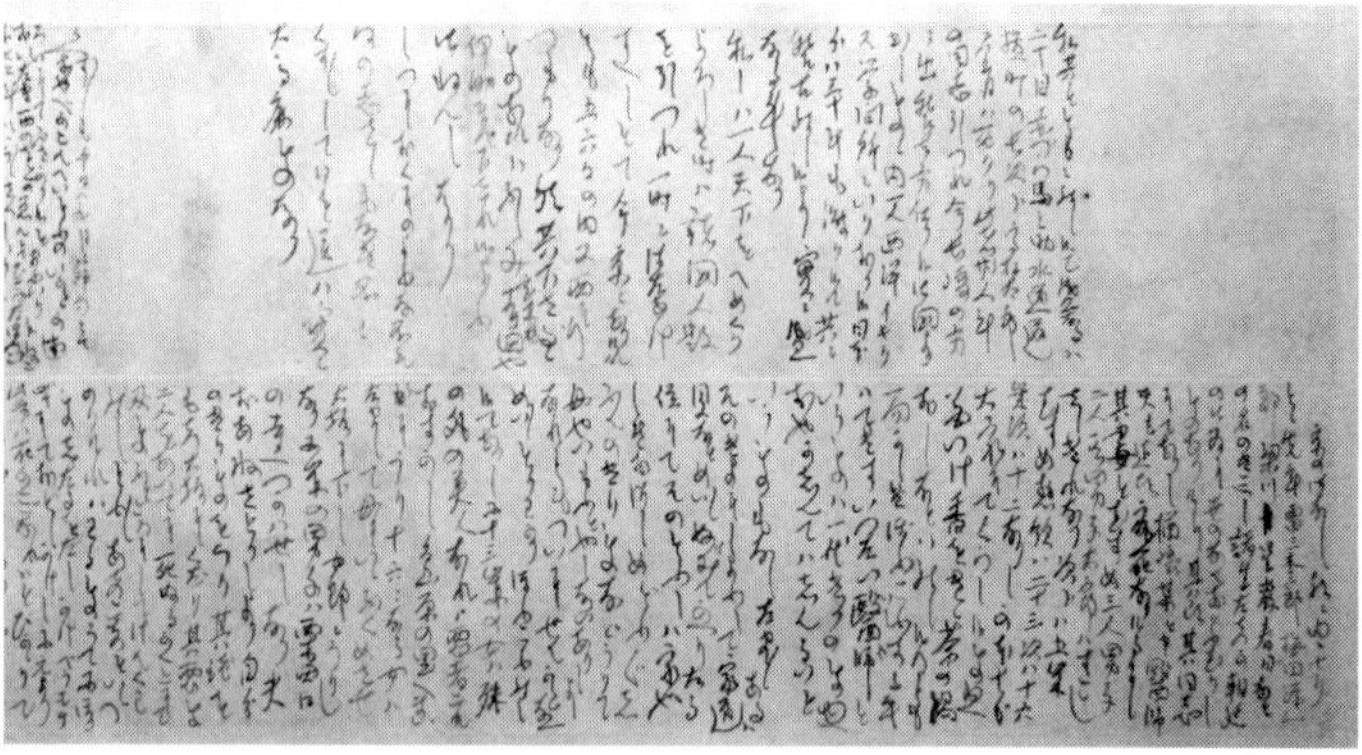

上段前半に空白が見える。「慶応元年九月九日、乙女・おやべ宛（部分）」（京都国立博物館蔵）

手紙を二枚に剥がすとは

表裏記載の手紙を二枚に剥がしたと判断した理由は以下のようなものである。

上下二段が全く同長であること。上下の紙で各四ケ所ある紙継の位置が完全に左右対称であること。特徴的なシミの位置もまた左右対称であること。紙の周縁部が薄くハゲたようになっていること（紙の縦横の長さが少し短くなる）。背面から光線を当てるとこの手紙だけ不均質な厚さであることが透過光の濃淡で分かることなどである（一六五頁写真）。他の龍馬書簡ではそのような紙の厚さのバラツキを見せるものはない。

さらに同じ日に書かれた龍馬の別の手紙（池内蔵太家族宛・大阪府個人蔵、縦一六・二センチ、横九八・三センチ）も実際に紙の表裏に渡って文字が記されていた。平成十五年（二〇〇三）にそちらの手紙が再発見された際、博物館にある同日の手紙も表裏記載だと気付くべきだったのだ。しかし実際は鳥獣人物戯画の記者発表の話を聞いてようやく認識したのである。

宮地佐一郎先生は『坂本龍馬全集』の中で「『京のはなし然ニ内々ナリ』以下の後段消息文は、前便の裏面即ち折紙の裏書で、九月九日この二通を認めている」と書かれている。「折紙」とは横長の紙を真ん中から上下に折って使用したものだ。中・近世の武家文書に例がある。折紙だから上下同じ長さになるとの解釈である。

しかし実際はそうではなかった。またもともと一通であり、二通と数えることも出来ない。幕末期の個人の手紙に折紙が使われた例はなさそうだ。少なくとも龍馬の手紙にはそんな例は無い。折紙の上下ではなくて、一枚の紙の表裏だったのである。

この手紙の表裏を剥がして、どちらも表にして巻子に上下段に貼り込んだのは大正時代の後半から昭和初年頃のことと推測される。大正五年（一九一六）の「坂本龍馬・中岡慎太郎両先生遭難五十年記念祭典」の際に高台寺で開催された遺品展覧会には手紙一通として出品されていることが当時の記録にある。また大正時代の『坂本龍馬関係史料』のこの手紙の解説に「以下裏面に記しあり」とあることもあとで確認出来た。

昭和六年（一九三一）に札幌の坂本弥太郎氏から当時の恩賜京都博物館（現京都国立博物

館）へ龍馬資料が一括で寄贈された段階ではすでに書簡類の表装、巻子化が済んでいた。現在のような表装をおこなったのはどこかの表具師だ。表裏を剥がさないと巻子に貼り込めないからである。

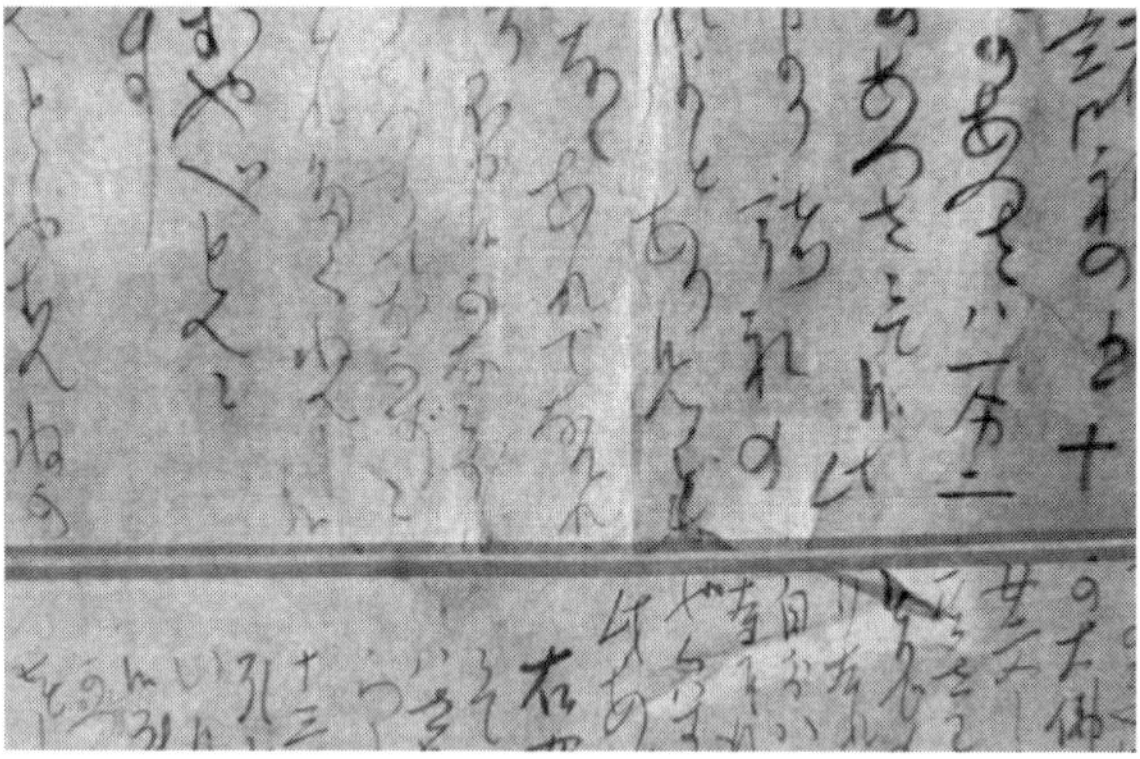
透過光で見た九月九日付の龍馬書簡。不均質な紙の厚みが見える。

龍馬はこの手紙をどう書いたのか？

この手紙が表裏に書かれたものだったと判明して、ようやく不自然な空白や不思議な文章構成の理由が分かってきた。現在我々が上段右から下段左へと見えているままに読んでいるが、そうではなく龍馬の本当の書き順が分かってきたのだ。表裏を剥がしたことが分かったことが重要なのではなく、龍馬がどのように書いたのかが推測出来るようになったことが重要なのである。

龍馬は便箋として長い巻紙を使っていた。それは紙継の上にも文字が載っていることから分かる。一枚ずつの便箋ではない。たとえば慶応二年（一八六六）

十二月四日付の「霧島山登山図《きりしまやま》」を含む龍馬書簡は五枚の便箋を巻子に表装する際に貼り継いでいったものだ。当然、紙継ぎの上に文字は書かれていない。しかし表裏を剥がしたこの手紙は手紙用の巻紙を使用していた。巻紙の使用は幕末ではごく普通のことだ。

書き順の復元

表裏を剥がしたことが判明したので、図録の手紙写真をコピーして貼り合わせて、もとの表裏記載の状態に戻してみれば、龍馬が文章を書いていった順序が復元出来る。

まず、見かけのうえで後半にあたる下段の先頭「京のはなし然ニ内々ナリ〜」から龍馬は書き始めたはずである。上段の右端には不自然な余白があり、文章の書き出しとは思えない。下段の右端から書き始めたと見る方が自然だ。それでは下段全体が先で上段全体が後、すなわち上下が全く逆の順番で書かれたのかと言えば、そうではない。下段の後半部には上段の後半部を受けての内容が記されているからである。上段後半部に姉乙女とおやべに書物類を送って欲しいと記し、下段の後半部でその件を念押ししている。つまり全体を一度に逆転することは出来ないのだ。

しかし巻紙の表裏に文章を書いたとみれば、まず下段の真ん中あたりまで一度文章を書いて、それからひっくり返して上段の後半を書くことが出来る。それからさらに下段の後

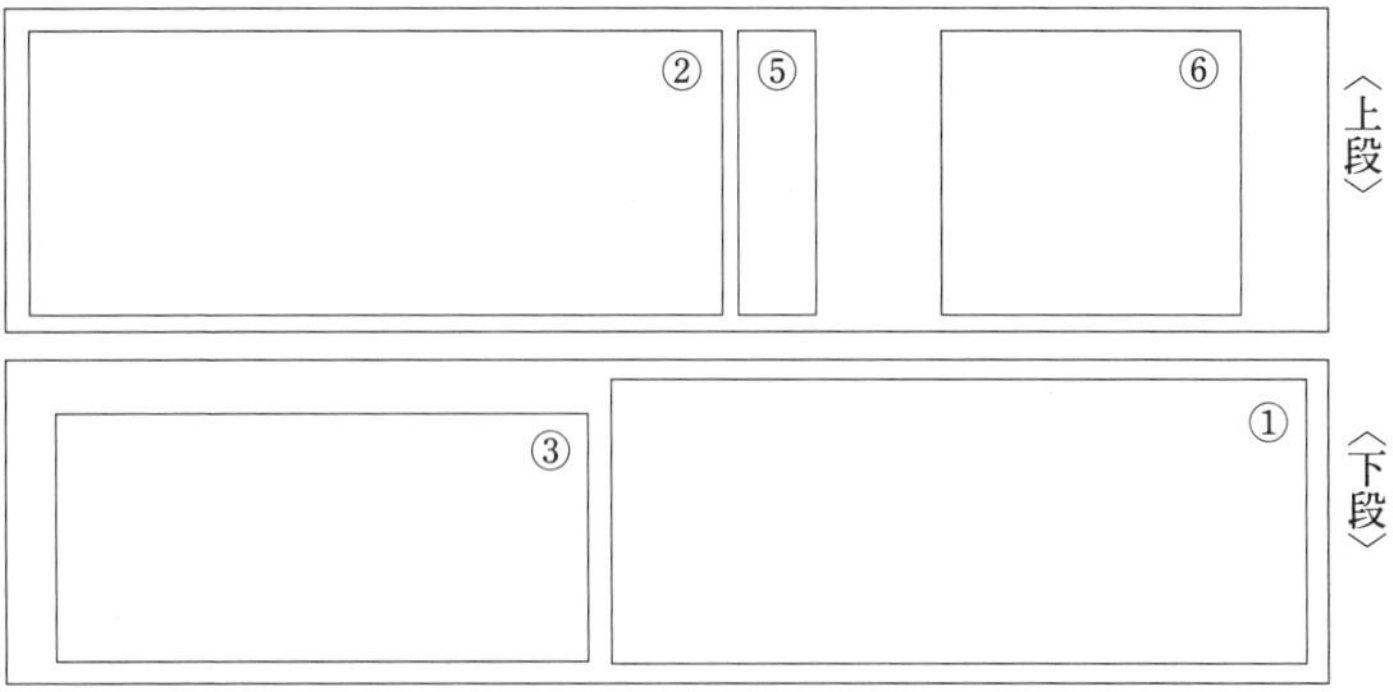

手紙の書き順の復元イメージ図

半部を書いたのであろう。これならば文章の内容の前後関係に矛盾はなくなる。

龍馬は以下の①→②→③→⑤→⑥の順番に書いたと推定する（④は別の手紙）。

①　まずは下段一行目の「京のはなし～」から下段途中の七十一行目「此のあとハ又つぎニ申上る」まで書いたのであろう。「おりょうが悪者二人と大喧嘩して妹を取り返した」という武勇伝をハイテンションで一気に書いた。ここで一段落、お茶でも飲んでひと休みしたであろう。但し、一行目の「京のはなし然ニ内々ナリ」はのちの追記であろう。本当は二行目の「とし先年雷三木三郎、梅田源二～」から書き始めた可能性が高いように思う。

②　次に巻紙全体を裏返して上段途中の「乙大姉ニ申奉ル」から再び書き始めた。ここから上段の末まで、乙女姉さんに「土佐の実家にある小笠原流諸礼の書物十冊を伏見まで送って欲しい（おりょうに読ませるため）」と書いた。続いておやべ（春猪の別名）に「新葉集という和歌集を吉村三太から借りて、おまえのだんなさん（坂本清二郎）に書き写してもらい、それを送って欲しい」と書いた。さらに「荷物も手紙も伏見の寺田屋へ送って欲しい」と書いて、紙の左端に到達した（裏面の冒頭部分にあたる）。この上段末尾は「九月九日　おやべさん」と一度終わったようになった。

③　龍馬は再び巻紙をひっくり返して下段七十二行目「右女はまことにおもしろき女にて～」から手紙を再開した。ここで文字列の段落が少し下がっていることが時間差を示すと考える。①で書いたおりょうの暮らしぶりが悲惨すぎるのを受けて、龍馬は家族への彼女の印象が悪いと思ったのか「今はさほど不自由をしていません」などと挽回を図っているところが面白い。しばらく書いて「此度の願候よふじハ、乙さんニ頼候ほん、おやべに頼みしほん」と上段②の内容を受けての記述がある。さらに下段最終にかけて「父上母上の御歌」などを書いて送って欲しいと記し、「九月九日　龍」と

締めくくっている。そして手紙の巻き込み部分の余白を計算して空白を七センチほどおいて「乙あねさん　おやべどん」とあて名を書いている。これで一応手紙が終わったと考え、下段の左端を巻紙の本体から切断した。ここで手紙の全長が確定した。

④　この後、この手紙はしばらく置いていたらしい。切断した巻紙の残りを使って新たに「池内蔵太家族宛」（大阪府個人蔵）の一通を書いたであろう。紙の上下サイズがほぼ同じであり、同じ巻紙を使ったと考えるのが自然だ。紙色も共通している。こちらの内容は「長州で内蔵太は元気に頑張っている」ことや「私がお世話になった土佐の女性たちは皆元気か？」などである。この手紙の後半部で「今日は節句とて～」とこの日、九月九日の重陽の節句に土佐の女性たちが着飾ったり化粧したりしている様子を想像して記している。

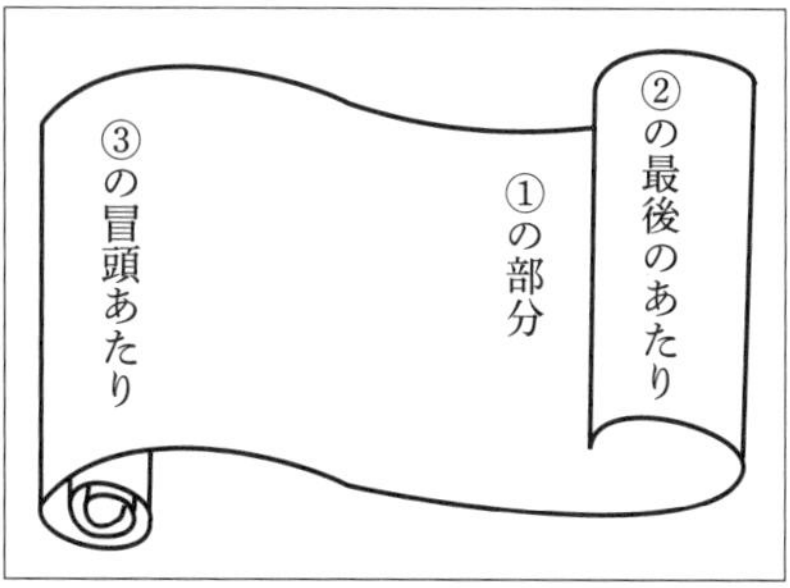

本来は一枚の巻紙の表裏を反転しながら書いたイメージ図

⑤　④の池内蔵太家族宛の手紙を書き終えて、再び本題の「乙女・おやべ宛の手紙」に戻った。そして上段の②の文

章の直前に「かえすがえすも今日は九月節句とて〜」と五行に渡って「おやべの顔が白粉で塗りたくられている様子」を想像してからかっている。これは④の池内蔵太家族宛の手紙を書いたあとでないと書けない文章である。内容が関連しているところがその根拠である。

⑥　さらに龍馬はこの「乙女・おやべ宛の手紙」をもう送ろうかと思ったが、手紙を見直すと本来冒頭となるべき場所（上段の右側）に余白が多かったので、思い直して「私共ともニ致し候て、盛なるハ二丁目赤づら馬之助〜」で始まる長崎でのいわゆる「亀山社中」の同志の活動近況や自分も今頑張っていること、そして土佐にこもってぐずぐずしているようなやつは「実ニ大馬鹿ものなり」という二十四行の文章を加えて記した。それも行間を広く、間延びしたように書いている。無理矢理に水増ししたような感じだ。下段の緊密な記述とは対照的である。これで手紙の完成である。

慶応元年九月九日、坂本龍馬は寺田屋でこのようなやり方で二通の手紙を書いたと推定出来る。我々があるがまま上段→下段の順に読めば、龍馬の書いた順番とは全く異なってしまう。⑥→⑤→②→①→③の順に読んでいるのだ（④は池内蔵太の家族宛の手紙）。

これは一つの解釈だ。しかし手紙を書く際の、龍馬の思考の動きが見えてきたのではなかろうか。自分の頭に次々に思い浮かんだことを紙を反転させながらランダムに記していった様子が復元出来るのである。自由な文体と紙の表裏にこだわらない型破りな書きぶりはまことに龍馬らしいと言うべきであろう。こんな書き方をした手紙が他にあるだろうか。

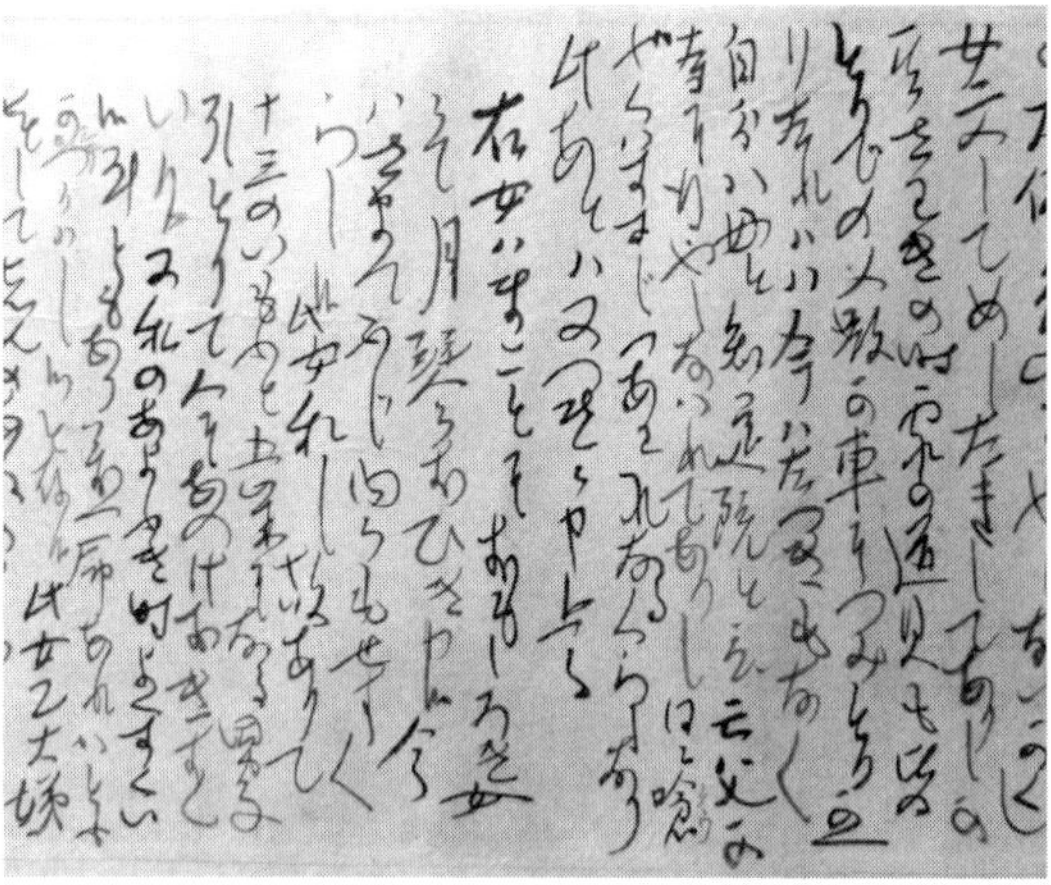
九月九日付の手紙の下段半ばに見える段落。「右女ハまことにおもしろき女」(③の冒頭)から段落が下がっている。

　慶応元年九月九日。伏見寺田屋の一室で龍馬は複数の手紙を巻紙の表と裏に書いたのだ。しかしながら、そもそもどうしてこの日は表裏記載なのであろうか？　紙を軽くして郵便料金を節約しようとしたのだろうか。分からない部分もまだまだ多いのである。

失われた龍馬の遺品 ——坂本・中岡の四十年祭・五十年祭をめぐって——

現在でも毎年十一月十五日には坂本龍馬の命日を記念して各所で祭祀や追悼行事が開催されている。没後百五十年ほども経て、このような行為があることは龍馬の遺徳のなせることであり、時代を越えて龍馬人気が保たれている証である。

博物館で龍馬資料の展示を担当する筆者にとって「過去の龍馬展」にいったい何が展示されていたのかはとても気になる。展覧会の歴史という観点から明治三十九年（一九〇六）と大正五年（一九一六）の龍馬展を検証してみたい。とくに展示作品リストに注目してみよう。

四十年祭のこと

慶応三年（一八六七）の龍馬の没後、大きな祭典としてまずは明治三十九年十一月の「坂本・中岡両士四十年祭」が挙げられよう。この四十年祭に関する記事は近江屋井口家が伝えてきた「京都日出新聞」（現京都国立博物館蔵）に記載されている。以下に引用してみよう。

1【明治三十九年十一月十六日、京都日出新聞、第七千号、第二面】

「●故坂本龍馬四十年祭

京都在住土佐人士の発起に係る故坂本龍馬、中岡慎太郎両氏の四十年祭は予記の如く、昨日午前十一時より洛東霊山招魂碑側の祭場に於て挙行せり。清祓、招魂、供饌の式ありて祭主野村梨木神社宮司祭文を朗読し、次に遺族坂本とめ子、旧薩藩代表者大山元帥、旧長藩代表者野村靖子爵、旧土藩代表者南部甕男男爵、発起人総代中西楯雄氏等其他参拝者一同玉串を捧げ、式後酒饌の饗応あり。余興には武徳会教士の撃剣、剣舞、煙火、翠紅館に於て故人遺品遺墨等の展観あり。盛会なりしが、当日参拝の重なる人々左の如し

坂本とめ子、毛利公爵代桂半□、大山元帥、野村靖子（爵）、南部甕男男（爵）、谷干城子（爵）、大浦兼武、北垣國道男（爵）、三好陸軍中将、阿武同少将、大森知事代田中事務官、藤川京都裁判所長、世古同検事正、木下京都大学総長、中田大学書記、中川主殿典、各府立学校長。

其他官民旧高知出身者百余名にして、土佐會より坂本龍馬氏の肖像外五枚の記念絵葉書を

贈与せり。（以下略）」

2【明治三十九年十一月十六日、京都日出新聞、第七千号、第二十七面】

「●阪本中岡両志士の遺品を観る（上）　天外

奇傑阪本龍馬、中岡慎太郎の二氏刺客の凶刃に倒れてよりここに四十年、故旧諸氏相図り、十五日霊山招魂場に於て其祭典を修し、遺品を山下翠紅館に陳列して有志者の参観を許しぬ。余は此日早朝腕車を駆り、紅白其他の旗幟翩翻《へんぽん》たる阪路を辿り、先づ霊山の墓を拝し、ついで翠紅館に入りしが、遺品数十点は一室に陳列しあり。即ち就て観る。

床の間には、龍馬氏が遭難当時の着衣と写真を置き、其上に板倉槐堂の描きし寒梅椿花の幅を掛けたるが、こは其時座間にありし由にて、血痕四点表装にそそぎ居れり。次に氏が当時帯たる吉行の刀あり、ほうぼう凛として尚氷の如きが、その鞘は咄嗟の際、刺客の斬下す刀を受けたる為め、一二寸斬裂れたる痕跡あり。又同じく所持せしピストルありしが、こは同志の士が駆けつけて死骸の始末をなせし時、淋漓たる鮮血中より露はれしなりと（後略）」

記事全文を掲載する余裕がないが、要点をまとめれば、明治三十九年十一月十五日に龍馬と中岡慎太郎の没後四十年の祭典が京都東山の招魂碑の前で盛大に開催されたこと。その主催者は中西楯雄で、彼を中心に周到に準備された祭典であったこと。参加者は大山巌元帥を始め土佐の谷干城《たにたてき》など龍馬にかかわった関係者が揃っていたこと。祭典の会場下の「翠紅館」の一室で龍馬・中岡の遺品展が開催されたことなどが記されている。

この祭典の際に複数枚の絵葉書が土佐會から参列者に記念品として配られた。その内容は「龍馬の椅座像」「中岡の座像」「血染掛軸」「龍馬使用の海獣葡萄鏡」そして「墓のそばに立つ顕彰碑拓本写真」であったようだ。それらには印刷とは別に四十年祭を示す円形で碇をデザインした紫色のスタンプが押されている。さらに「龍馬の紋服」の絵葉書も同時に製作されたことが分かっている（後述）。

祭典で代表として祭文を読んだ大山巌は日露戦争を陸軍の総参謀長として戦った。この四十年祭は、大陸から凱旋した翌年のことである。龍馬とのかかわりは旧薩摩藩士の時代、大山弥助と言われた時期にある。とくに大山巌の兄彦八が慶応二年（一八六六）一月の伏見寺田屋での龍馬遭難の際に伏見の薩摩屋敷に居て、手負いの龍馬の救出にあたったことで知られている。大山が読んだ祭文にもそのことが触れられている。凱旋将軍であった大山巌の知名度からして、この祭典の参加者の顔ぶれのもつインパクトはとても大きかったと推察される。

翠紅館で展示された遺品類は「数十点」とされるが、記事から分かるのは「龍馬の写真」「着衣」(井口家所蔵の紋服か)、「血染め掛軸」、「銘吉行の刀」(切り込みのある鞘が付いている)、「ピストル」(現存せず)である。吉行の刀が出品されていることから北海道の坂本家から書簡類を含む龍馬遺品が出品されていることが分かる。刀は大正二年(一九一三)の焼損の前の形であった。展覧会の全貌は当時出版された小冊子からある程度推察出来る。

この明治三十九年の四十年祭こそが大規模な「坂本龍馬展」の始まりとして良いだろう。京都国立博物館での「龍馬の翔けた時代」平成十七年(二〇〇五)や江戸東京博物館などでの「龍馬伝展」平成二十二年(二〇一〇)、さらに京都国立博物館での平成二十八年(二〇一六)の「没後一五〇年　坂本龍馬」はその延長上にある。面白いことに展示される龍馬遺品の骨格は明治三十九年からほぼ変わっていないのである。

坂本・中岡五十年祭の展示リスト

四十年祭の十年後、大正五年(一九一六)に京都で開催された「坂本・中岡両氏遭難五十年記念祭典」に関する毛筆書の記録が主催者によってまとめられ、その一冊が京都大学附属図書館に収められている。もとは尊攘堂の図書であったものである。内容は大正五年における坂本龍馬顕彰活動がどのようなものかを詳細に記し、様々に興味深い。

この記録の中で、特に第五章の「記念遺墨品展覧会」の記載を引用してみたい。引用にあたっては漢字を現代風に改めた。またカタカナ表記をひらがなにも改め、適宜句読点を追加した。また作品名称・員数の後ろに「あいうえお」順に整理記号を付した。なおこの五十年祭の実行委員会の委員長は下鴨在住の島田正章氏であった。

「記念遺墨品展覧会

展覧会は高台寺本堂の一室を以て之に充て、当日午前九時より午後四時まで一般の観覧に供す。遺墨品蒐集に関しては数月前より委員全部最善の力を尽したり。殊に展覧係の苦慮察するに余りあり。其結果として陳列品の点数意外に多く、未だ世に知られざりし逸品も亦た少からず。為めに会場の狭隘を感じ、到着の後れたるもの若干品は遂に之を陳列する能はざりしは頗る遺憾とする所なり。来館者の数は精確に之を知るを得ずと雖も、会場入口に於て配布せし両先生略伝の数により推測すれば約弐千人なり。之れ何れも学者志士にあらざれば、両先生を追慕すること深き篤志家にあらざるなく、陳列品は一つとして両先生の遺烈を顕彰して当世を警醒し、又た維新史の事実を開明するの資とならざるなし。且つ又た展覧の当日及其前後に於て遠近多数の貴重品の借受返附及保存方法に付ても幸に何等の遺漏なく、能く其目的を遂行することを得たり。而して出品文書の主なるものは撮影して永く本会に保存することとせり。当日陳列品及出品者の氏名左の如し。

一、坂本先生の写真　一枚（あ）
一、坂本先生の令兄権平直方氏の写真　一枚（い）
一、坂本先生肖像画　公文菊僊筆　一幅（う）
一、坂本先生傳　男爵岩村貫堂著　一冊（え）
一、坂本先生幼時佩用の刀　備前長船五郎勝光左京進宗光合作　一口（お）（個人）
一、坂本先生遭難の際所持の刀　吉行作　一口（か）（京博）
一、坂本先生遭難の際床の間に掛りたる血染の軸　板倉槐堂筆　一幅（き）（京博）
一、海援隊秘記　一冊（く）（京博）
一、同　日記　一冊（け）（京博）
一、坂本家々系書　三冊（こ）（京博）
一、坂本家先祖書指出控　一冊（さ）（京博）
一、勝海舟坂本先生を吊ふの詩　一幅（し）
一、坂本先生宛木戸孝允の書　一枚（す）（京博）
一、坂本先生の手帖　一冊（せ）（京博）
一、坂本先生厳君より先生に與へられたる修行中の心得書　一通（そ）（京博）
一、小栗流秘傳　三冊（た）（京博）

一、小野淳助の書状写　一通　（ち）（京博）
一、坂本先生書状　九通　（つ）（京博）
一、建白書写　一通　（て）（京博）
一、和歌　三首　（と）（京博）
一、高知市に建立せし記念碑文の写　一通　（な）（京博）
右弐拾弐種三十六点遺族坂本弥太郎氏出品［＊二十一種三十五点］
一、中岡先生写真額　一面　（に）
一、坂本先生墨蹟の額　一面　（ぬ）
一、三條実美公哀悼の和歌　一幅　（ね）
右遺族中岡信子出品
一、坂本先生着用羽二重紋付　一着　（の）（京博）
一、坂本先生所用の鏡　一面　（は）（京博）
一、海援隊陸援隊使用の鉄砲　三挺　（ひ）（不明）
一、坂本先生書状　一通　（ふ）（京博）
一、坂本中岡両先生外勤王諸士写真帖　二冊　（へ）（京博）
右京都井口新之助氏出品
一、坂本先生墨蹟　一巻　（ほ）（文博）
一、坂本先生所用の鍔　一個　（ま）（文博）
一、見聞遺事　一冊　（み）（文博）
一、國母陛下　御霊夢の歌　袱紗　一枚　（む）（文博）

右京都府立図書館出品

一、坂本先生尺牘《せきとく》　一巻（め）（京大）

一、武市瑞山尺牘　一巻（も）（京大）

一、平井隈山自画賛梅　一幅（や）（京大）

一、海南義烈伝　三冊（ゆ）（京大）

一、間崎滄浪七絶　一幅（よ）（京大）

一、武市瑞山自賛肖像画　石版　一幅（ら）（京大）

一、高杉東行、武市瑞山遺墨　一幅（り）（京大）

右京都帝國大学尊攘堂出品

一、坂本先生宛桂小五郎書翰（溝渕守氏所有）　一巻（る）

一、溝渕廣之進宛坂本先生書状（同人所有）　一幅（れ）（高歴）

一、坂本先生溝渕廣之進両氏の下関戦争図（同人所有）　一幅（ろ）（高歴）

一、武市、坂本、吉村、中岡四氏の書（山岡好照氏所有）　一幅（わ）

一、中岡先生、北副佶摩等遺墨（依岡珍麿氏所有）　一幅（a）

一、坂本先生の書状　三通（b）

右文部省維新史料編纂局出品

一、中岡先生肖像画　公文菊僊筆　一幅（c）

一、芳蘭帖　二冊（d）

右土方久元伯出品

一、木夢帖　岩崎小弥太男出品　一冊（e）

一、亡友帖　石田八弥男出品　一巻（f）（国図）
一、坂本中岡両氏五十年所感の詩　坂井重季男出品　一幅（g）
一、木戸家蔵坂本先生書状写　永野正路氏出品　一巻（h）
一、坂本先生幼時佩用の短刀　岡上菊枝氏出品　一口（i）
一、坂本先生書翰　今村虎楽氏出品　一巻（j）
一、土方久元伯坂本中岡両氏を弔ふ詩　久保敏樹氏出品　一幅（k）
一、福原清介宛吉田松陰の書　福原節介氏出品　一幅（l）
一、真木和泉守書翰　中島静甫氏出品　一巻（m）」

以上　七十九点

京博（京都国立博物館）、文博（京都文化博物館）、京大（京都大学附属図書館）、高歴（高知県立歴史民俗資料館）、国図（国立国会図書館）

博物館で龍馬展を担当する者にとってこれは大変興味深いリストだ。およそ百年前に高台寺の一室で一日だけ開催された坂本龍馬と中岡慎太郎の展覧会、その内容を現在の目から検証してみよう。

坂本家からの出品作品

まず坂本弥太郎氏が北海道から出品した（あ）〜（な）のリストを精査しよう。

昭和六年（一九三一）に坂本弥太郎氏から恩賜京都博物館（現京都国立博物館）に寄贈さ

れ、現在まで伝わっている作品は（か）〜（さ）、（す）〜（な）の合計十五件である。現在京都国立博物館では表装され巻物の形になっており、員数が異なるが、その作品は対照出来る。京博で「桂小五郎・坂本龍馬遺墨」という大きな巻物に貼り込まれたのは（す）（そ）（つ）（と）である（龍馬あての高松千鶴書簡一通がリストに欠けているが）。「海援隊日史・秘記」の巻物には（く）（け）（せ）の三点、「坂本家系図」には（こ）（さ）（ち）（て）（な）が貼り込まれている。

これらの書簡書類が大正五年の段階では表装されていないが、昭和六年に恩賜京都博物館に寄贈される前までの間に現在のような巻物に仕立てられたと推定される。

その他で京都国立博物館が寄贈を受けたものは、（か）の日本刀銘吉行一口、（き）の血染め掛軸（梅椿図）一幅、（た）の小栗流目録三巻、である。昭和六年の博物館寄贈品でここに出品されていないものは「埋忠明寿銘の刀　一口」である。

一方、このとき坂本家から出品されていて、博物館に寄贈されなかったのは、（あ）〜（お）と（し）の六件である。札幌の坂本直行氏方に残されたものだ。気になるのは（お）の刀である。「坂本先生幼時佩用の刀　備前長船五郎勝光左京進宗光合作」とされるこの刀は平成二十七年（二〇一五）に札幌市在住の坂本家関係者の家で保管されていることが確認され、京都国立博物館の「没後一五〇年　坂本龍馬」や高知県立坂本龍馬記念館で展示公開された刀である（拙稿「再発見！ 龍馬の脇差」『「霧島山登山図」は龍馬の絵か？』所収）。

ちなみに「吉行」の銘の刀（か）は京都国立博物館に寄贈を受けているが、「大正二年十二月二十六日釧路市大火ノ際罹災ス」と白鞘に墨書されている。この大正五年の五十年祭には研ぎ直されて鞘を新調されて出品されたのであろう。明治三十九年の四十年祭では「当時帯たる吉行の刀あり、ほうぼう凛として尚氷の如きが、その鞘は咄嗟の際、刺客の斬下す刀を受けたる為め、一二寸斬裂れたる痕跡あり」と書かれていたが、傷ついた鞘は大正二年に釧路大火で焼失したのだ（一五三頁以降参照）。また四十年祭にあったピストルは五十年祭には出ていない。

坂本家の出品物は現在京都国立博物館の「坂本龍馬関係資料」（国指定重要文化財）の根幹をなす貴重な作品群である。それをたった一日の展示のために北海道から京都に出品された坂本弥太郎氏の意志の高さを思うものである。ちなみに四十年祭の坂本家代表者は「坂本とめ（留）」であった。彼女は龍馬の跡を継いだ坂本直（高松太郎）の妻であった。その十年後、大正五年の五十年祭の坂本家代表の坂本弥太郎は坂本本家を継いだ坂本直寛（高松太郎の弟高松習吉）の娘直意の婿である。熊本出身の士族であった。

井口家からの出品作品

龍馬の遺品としては京都河原町近江屋井口家の作品も重要である。(の)〜(へ)の五件が井口新之助氏によって出品されている。井口新之助はあの井口新助(龍馬遭難当時の当主)の息子である。(の)は現在京都国立博物館が所蔵する龍馬の紋服である。血染屏風とともに昭和十五年(一九四〇)に博物館に寄贈された。(は)の鏡も博物館に近年寄贈された「海獣葡萄鏡　坂本龍馬使用　一面」にあたる(平成十年寄贈品)。この鏡は展覧会にも度々出品されているので御覧になった方も多いであろう。(ひ)の「海援隊陸援隊使用の鉄砲三挺」は不明の作品(戦後GHQの接収にあったものか)である。このリストにだけ現れるものと考える。(ふ)の「坂本先生書状」は平成十年(一九九八)に博物館に寄贈された「おりょう宛龍馬書簡　慶応三年五月二十八日付」を指しているのであろう。海援隊士書簡などは井口家伝来品に多いが、坂本龍馬書簡は明治初めにおりょうが置き残したこの手紙以外は井口家には残っていなかったようである。さらに(へ)の「坂本中岡両先生外勤王諸士写真帖　二冊」はいわゆる「井口家アルバム　二冊」に該当するとみられる。中岡慎太郎の写真は現在アルバム外の写真ではあるが、まとめて出陳されていたのであろう。このアルバムは井口家の伝承では明治二十八年(一八九五)に京都府知事の中井弘から友人であった井口新助に引き継がれたものという（故井口新助〈四代目〉氏談）。このリストによって大正五年には井口家にアルバムが二冊存在したことが明確になったのである。

明治三十九年の四十年祭にも井口家から「龍馬紋服」と「海獣葡萄鏡」の二点は少なくとも出品展示されていたことは明らかなので、それに引き続いての出品である。ただし私たちがよく知っている「近江屋旧蔵　書画貼交屏風」（通称「血染屏風」）は四十年祭、五十年祭ともに出品された気配はない。昭和十五年に恩賜京都博物館に寄贈され、昭和四十年代に西尾秋風氏が見出すまで、世に知られない龍馬遺品だったのだ。

その他、気になる作品

リストのあとの方だが、（ｉ）の「坂本先生幼時佩用の短刀　岡上菊枝氏出品」である。現在知られていないこの龍馬の短刀について山梨県在住の御親族に電話で問い合わせたところ「昔、家に龍馬さんの短刀のようなものあったと親から聞いてますが、今は残っていません」とのお返事であった。岡上家は乙女姉さんの嫁ぎ先である。岡上菊枝は乙女の娘とされる。この短刀はどの時期に失われたのであろうか。

（る〜ろ）の三点が溝渕守氏所有となっている。おそらく高知県立歴史民俗資料館が寄贈を受けた旧秦氏所蔵品であろうが、もともと溝渕姓の方がお持ちだったことが分かる。溝渕守氏は溝渕広之丞（廣之進）の子孫なのであろうか。

（d）以下の作品の出品者の名前も興味深いものである。

このように大正五年の五十年祭の展示リストをしげしげ見てみると実に面白い。今は行方不明となったものの行方がとても気になるのだ。この五十年祭の正確な記録が龍馬資料の追跡に役立ってきたし、今後も研究を進めることであろう。

龍馬の紋服絵葉書

明治三十九年（一九〇六）十一月に京都で開催された「坂本・中岡両士四十年祭」の際に主催者である土佐會から参列者に記念品として絵葉書（龍馬の椅座像・中岡の座像・血染掛軸・海獣葡萄鏡・顕彰碑拓本の五枚か）が配布されたとの記述がある。

ここで紹介する絵葉書はその四十年祭に際して同時に作成配布されたとみられるもので、坂本龍馬が実際に着用していた紋服を明治時代に撮影した珍しいものである。絵葉書のサイズは縦一三・九センチ、横は八・八センチである。

「龍馬の紋服絵葉書」

龍馬着用の紋服は龍馬の死後、近江屋井口家に伝来していた。昭和十五年（一九四〇）に井口新助（幕末明治期の井口新助の曾孫にあたる）の名義で恩賜京都博物館（現京都国立博物館）に寄贈されたものだ。現在は国の重要文化財に指定されている。したがって明治三十九年には井口家の所有であった。このときの当主は龍馬の世話をした井口新助（天保九年～明治四十三年）である。

この写真が撮影されたのは井口家の内部、または霊山下の翠紅館の遺品展示場内かと推測される。「日出新聞」には翠紅館に龍馬の着衣も展示されていたとの記載があるからだ。写真の撮影者は便利堂のカメラマンであろう。絵葉書の表面には「萬國郵便連合端書」の印刷文字があるものの「便利堂」の文字はどこにもない。しかしこの時期に絵葉書を作成出来る京都の業者は便利堂以外に考えにくい。またこの明治三十九年の「四十年祭」を表す紫色のスタンプ（碇のマークが入ったもの、直径四・〇センチ）はこの祭典の絵葉書に共通するものであり、その年代を示している。

写っている紋服は現在京都国立博物館が収蔵する龍馬紋服と全く同じものであることは明らかである。しかもその保存状態は非常に良好に見える。

この絵葉書は紋服が龍馬の遺品であると、明治三十九年に認識されていたことを示しており、龍馬紋服の最も古い写真資料として貴重である。現在はそれから百年余を経て、繊維の硬化が進行しており、館外への出品が難しい状態にある。

紋服の横には羽織を着た男性の後ろ姿が写っている。この男性は龍馬が大男であったことを示すためスケール代わりに立たせられたのではなかろうか。龍馬紋服の現在の丈は約一四五センチ。龍馬の身長は一七〇センチを超えていたとされるので、後ろ姿の男性は一五〇センチほどの身長かと推測される。

撮影場所を井口家の中と考えた場合、井口新助自身は龍馬に匹敵するような大柄であったと伝承されるので、この後ろ姿の男性が井口新助である可能性は低い。また羽織の紋も井口家の家紋とは異なるようである。男性の向こうに掛軸が写っているが、もちろん血染掛軸ではない。あるいは翠紅館内での撮影であって、後ろ向きの人物は翠紅館の関係者であろうか（この点は現在の料亭京大和に問い合わせしたが、当時の記録は残っていないという）。

この絵葉書は明治三十九年における坂本龍馬の認知度を示す資料として大変貴重なものだ。ただし葉書は複数作製されたはずなので、今後同じ絵葉書が現れる可能性があるだろう。京都龍馬会の赤尾博章氏所蔵品。

五十年祭のこと

本稿では大正五年（一九一六）十一月に京都東山の霊山で開催された坂本龍馬・中岡慎太郎の五十年祭の記録『坂本中岡両先生遭難五十年記念祭典記事』から、誰がいくら祭典に寄附したのかを調べてみたい。

下世話な興味で申し訳ないが、大会事務局委員長島田正章の正確無比な会計報告から抜き出して、一〇円以上を払った個人をその金額の順番に並べてみよう。もちろん寄附者の大多数は一円、三円、五円ほどの金額である。一〇円以上は上位二割弱だ。その名前を高い順に並べると何かが見えてくるような気がする。あなたはいったい誰ですか？　なんでそんなに出しているのですか？　ひょっとするとお宅には今も龍馬にかかわる資料をお持ちではないですか？と聞いて廻りたい。

以下のリストは『祭典記事』の再構成である。都道府県名は当時の現住所。爵位は併記した。団体や学校からの集団募金は削除した。◎は祭典に実際に参加した人である。

一〇〇円　◎原　六郎（東京）
　　　　山内公爵家（東京）
　　　　岩崎久弥・小弥太（東京）
　　　　片岡直温（東京）

五〇円　　田中誠夫（大阪）
　　　　石田八弥（男爵・大阪）
　　　　◎片岡直輝（大阪）
　　　　金子直吉（兵庫）

三〇円　　林　民雄（東京）
　　　　濱口駒次郎（大阪）
　　　　溝淵弁助（大阪）
　　　　小松楠弥（兵庫）
　　　　◎山地土佐太郎（兵庫）

二〇円　豊川良平（東京）
◎市村光恵（講演係長・京都）
三谷軌秀（大阪）
木村　清（大阪）
弘内豊定（大阪）
深尾隆太郎（大阪）
大谷順作（大阪）
島村幡彦（大阪）
◎坂本弥太郎（坂本家代表　北海道）
一五円　酒井佐保（京都）
一〇円　公文菊僊（肖像画家・東京）
阪井重季（男爵・東京）
福岡孝弟（子爵・東京）
佐々木高行（侯爵・東京）

竹内明太郎（東京）
山縣有朋（公爵・東京）
◎土方久元（伯爵・東京）
◎南部甕男（男爵・東京）
仙石　貢（東京）
山中豊中（東京）
清岡邦之助（東京）
久保敏樹（副委員長・京都）
◎島田正章（大会委員長・京都）
◎秦　主馬蔵（祭場係・京都）
◎井口新之助（近江屋子孫・京都）
◎近重眞澄（京都）
◎勝賀瀬　元（祭場係長・京都）
矢野春利（会計係・京都）
森田　茂（京都）
◎由比　質（庶務係・京都）

◎木村捨馬（接待係長・京都）
◎長曾我部俊城（遺物展覧係・京都）
堀見克禮（大阪）
櫻本康枝（大阪）
川崎斎一郎（大阪）
◎坂本重英（大阪）
西川福馬（大阪）
長瀬兵馬（大阪）
吉弘　茂（大阪）
谷口　勵（大阪）
中尾公時（大阪）
千頭茂樹（大阪）
藤尾薫基（大阪）
依岡省輔（兵庫）
石川明治（兵庫）
川崎幾三郎（高知）

川島幸十郎（高知）
五藤正形（高知）
宇田友四郎（高知）
深瀬千賀子（岡山）
平石氏人（満州）　　［以上］

一〇〇円出した原六郎は但馬出身の郷士であり、千葉道場関係者であり、山国隊《やまぐにたい》に司令としてかかわり、明治財界の重鎮であった。龍馬とかかわった思い出をもっている（『原六郎翁伝』）。同じく一〇〇円を出した片岡直温は土佐人。このときは衆議院議員あわせて日本生命社長。のちに大蔵大臣（昭和金融恐慌にかかわる発言で有名）。五〇円を出している石田八弥は秋田県出身。石田英吉（元海援隊士・秋田県令）の養子で、鉱山技師にして三菱関係者である。義父の英吉から龍馬の思い出話を聞かされていたのであろう。同じ五〇円の片岡直輝は直温の兄。関西の実業家。実家である土佐高岡郡永野の父親片岡直英は勤王の志士の世話をしていたとされるので直輝・直温兄弟も少年時代に親から龍馬のことを聞かされたのかもしれない。同じく五〇円を出している金子直吉も土佐出身、神戸鈴木商店の大番頭で、この時期は第一次世界大戦を背景に超積極的な事業展開をしていた頃だ。

福岡孝弟や佐々木高行、土方久元《ひじかたひさもと》、南部甕男など土佐出身で龍馬とかかわり、爵位をもらった連中（もう高齢だ）がいずれも一〇円なのは連絡相談のうえで金額を揃えたか。また島田正章ら大会の事務局にいる人々（その多くは高知県出身者で京都在住の者）もほぼ一律一〇円だ。一見無名に思える人物もネットで検索にかければ七～八割ほどは高知県出身者であることが分かる。「勝賀瀬《しょうがせ》」などは高知独特の苗字だ。

五円を出した人の数はとても多いので全部は載せられないが、気付いた人名を列挙しておこう。

中濱東一郎は中濱万次郎の息子で医師。岩倉具榮公爵。毛利元昭公爵。小畑敏四郎は土佐人小畑孫次郎（美稲）の子で、のちに陸軍皇道派。田中光顕伯爵は不参加で五円なのが気になる。広田長も土佐人で大正時代にのちの昭和天皇の侍医を務めた医師。仁尾惟茂も土佐人で貴族院議員。村木雅美も土佐人で陸軍中将に進み、このときは貴族院議員。濱口雄幸はこのとき衆議院議員でのち総理大臣。生田定之は高知県出身で祭典当時は日本銀行国庫局長。桐島像一《しゅういち》も土佐人で三菱の重役、のち東洋文庫理事。細川潤次郎（法制学者）は土佐で天保五年（一八三四）に生まれているので龍馬の一歳上、かかわりがあった可能性が高い。などなど書いていてキリがない。

この名簿を十年前の明治三十九年の四十年祭と比較すると興味深い。その共通点は坂本龍馬および中岡慎太郎を思慕する人々の集まりであるが、その差異には歴史上、重要な視点が含まれるような気がする。

明治三十九年の「四十年祭」は日露戦争勝利の余韻の中で明治維新国家の礎を築いた功労者として坂本・中岡両人を顕彰しようとする意義が強いのだろう。出席者に軍人が目立つ。参列者代表で祭文を読んだのが土佐人ではなく薩摩人である大山巖（満州軍総司令官・元帥・公爵）であることがそれを示す。祭文の内容も「大政維新の基礎は薩長和解を勧めた坂本・中岡両先生のおかげだ」という趣旨であった。その成果が日露戦争の勝利であったという訳だ。一方、旧長州藩代表者は野村靖（子爵）であった。この四十年祭には龍馬を知る関係者がまだ多数出席していた。もと京都府知事であった北垣国道も参列している。土佐人で会を主催したのは中西楯雄である。また近江屋の井口新助が出席していた。坂本家の代表で挨拶したのは北海道の浦臼から来た坂本留（故坂本直すなわち高松太郎の妻）であった。五十年祭では井口新助→井口新之助、坂本留→坂本弥太郎と龍馬関係者も代替わりしている。

一方、大正五年の「五十年祭」をざっくり言うと「高知県人会」である。四十年祭にいた薩摩・長州人代表のような重鎮が見えない。協賛金に応募した人と参列者の主要な構成員は龍馬に会ったことがある人ではなく、わが郷土の偉大な先輩である坂本龍馬・中岡慎太郎両先生を顕彰しようとする高知県出身者たちだ。維新後の明治国家で軍人や政財界・医科学界などで出世した人がとても多い。ひとまとめに土佐人脈と呼んでも良さそうだ。寄附金が高い人はその中でも成功者ということであろう。

この大正五年の「五十年祭」は坂本龍馬や中岡慎太郎が時代の中でどのように評価されていったのかを考えるうえでとても重要な祭典であった。仏事では五十回忌を超えてはやらないのが普通である。五十回忌はいわゆる「弔いあげ」にあたる。すなわち没後五十年を経て、坂本・中岡が「記憶の中の人」から「歴史上の人物」へと変化していったのである。

幕末当時に二十歳台で坂本龍馬と面識があった人はこの大正五年の「五十年祭」では当然七十歳台だ。龍馬が生きていれば八十三歳頃。すなわち龍馬の知り合いはみな七十〜八十歳台の高齢者である。十年後に六十年祭があってももう出席出来まい。龍馬について当事者の昔話が聴けるのもここらあたりまでなのである。

もう一つ付け加えるならば、この五十年祭に出席し、寄附金を寄せた人たちの「明治維新への評価」が名簿に現れていると言いたい。単に坂本・中岡を郷土の先輩として尊敬しているだけではなく、明治維新の前後に生まれた者として慶応三年（一八六七）から大正五年までの五十年間と自分の半生とを重ね合わせて「高く評価した」のではなかろうか。

もしも明治維新が無く、江戸時代が続いていたら、日本の近代化も自らの出世もなかったはずだ。今成功しているのは維新に斃れた坂本・中岡ら土佐の先輩達のお陰なのだという思いがあって祭典に協力したのであろう。百五十年後の歴史研究者が史料から評価する明治維新とは全く別の評価がこの祭典の関係者たちの心の中にあったように思う。司馬遼太郎風に表現するなら、ひとりひとりに「坂の上の雲」の物語があったのだ。名簿の人名を検索しながら強くそう感じたのである。

（追記）

この祭典の対極にありつつも同じ歴史的意義をもっていたのは大正六年（一九一七）九月に原敬が盛岡市で開催した「旧南部藩士戊辰戦争殉難者五十年祭」ではなかろうか。

V 犬歩棒当記

ひねりが効いている

坂本龍馬の手紙表現で面白いのは、ときどき自虐ネタが見られることだ。慶応元年（一八六五）九月九日付の池内蔵太家族へあてたものでは自分の乳母のことについて「時々人に言い、またウバが出たと笑われております」との奇妙な表現が見られる。これは脱藩後、土佐人らとの宴席で故郷の話題になったときに「ところで俺の乳母って元気かなあ?」などと龍馬が突然言い出すので「三十歳にもなってまだ乳母のオッパイが恋しいのか」「また龍馬が乳母の話をしているよ」などと皆にからかわれている、という意味だ。もちろん乳母への愛情・気遣いをこのようにひねった形で表現したものであり、笑わせながらもその伝えたい意図は確実に乳母本人へ伝わったはずだ（池内蔵太の家族は坂本家と懇意なので）。龍馬の表現のうまいところである。

乙女姉さんに対しては「乙女姉さんの名前はこの頃全国的に有名ですよ。龍馬より強いという評判です」（慶応元年九月九日、乙女・おやべ宛、京都国立博物館蔵）というものもある。龍馬が有名になるにつれ諸藩の人間が土佐人に「坂本龍馬さんは北辰一刀流の達人だそうですな」などと言うと「いやいや土佐には龍馬さんよりももっと剣の強い人が居りますぞ」「ええっ？　それはいったい誰ですか」「龍馬さんに剣を教えた乙女さんというお姉さんじゃ」などという笑い話である。これもかなりひねりが効いている。冗談ではあるが乙女姉さんも悪い気はしなかったはずだ。

さて、京都国立博物館では平成二十八年（二〇一六）秋に特別展覧会「没後一五〇年　坂本龍馬」を開催させていただいた。入館者の合計は九万八千五百人であった。読者の中にもわざわざ京都までお越しくださった方もいらっしゃるだろう。厚く御礼申し上げる。

来館者が十万人にわずかに届かなかったことを少し残念に思っているのだが、筆者なりの表現で言うならば「あと千五百人。十万人来てくれていたら『展覧会の良し悪しっていうのは入場者数の多い少ないじゃないよね』と言えたのに、と悔しがっています」である。この表現は少しひねりすぎであろうか。

描かれなかった歴史

筆者がいつも言うのは「手紙は書いてあること以上に書かれなかったことの方が重要だ」ということだ。このことを歴史画にあてはめてみよう。

特別展覧会「没後一五〇年　坂本龍馬」（平成二十八年）の展示準備のために絵巻や瓦版や錦絵について資料を集めていたときのことだ。池田屋騒動は有名なのに瓦版や錦絵は存在しない。それはなんとなく分かるが、京都を揺るがした動乱である元治元年（一八六四）七月の「禁門の変」に関する明治時代の錦絵がほとんど存在しないことを不思議に思っていた。市街地の焼失範囲を示す同時代の瓦版以外は京都の絵師が同時代に描いた「甲子兵燹図」（京都大学附属図書館）や「近世珍話」（京都国立博物館）があるくらいだ。これらには政治色はなく「町人迷惑」が主題だ。明治時代に数多く描かれた幕末の事件（「桜田門外の変」）や「鳥羽伏見の戦い」、「戊辰戦争」に関する錦絵の数量を考えると「禁門の変」を描いた錦絵が皆無に等しいのは展覧会担当者として不思議だった。

龍馬展の期間中に佛教大学の青山忠正先生に博物館へお越いただき、御専門の薩長盟約の真相について講演していただいたが、その際に「長州は禁門の変に際して御所に発砲した朝敵だった」という概念に関する木戸と西郷のやり取りが云々という青山先生のお話を聞きながら、はたと思うところがあったのだ。それは「禁門の変」の歴史画（錦絵）を描くことは長州藩が御所に攻めかかる行為を描くことであり、「長州藩が朝敵であった過去の素性」をさらすことになるために、維新後、明治政府がそれを描かせなかったのではなかろうか？ということだ。あるいは「長州軍不敗神話」でもつくろうとしていたのだろうか。

一方、文久三年（一八六三）八月の政変による「七卿落ち」の絵はやたらと多い。こちらは一度朝廷を追われた三条実美ら尊攘派の公卿と長州藩がやがて復権して明治新政府をつくったという敗者復活の物語の冒頭を飾る象徴的な絵だからであろう。

「禁門の変」が錦絵に描かれなかったことにはどうやら深い「歴史的な意味がある」らしい。

田中伯爵邸の白い花

京都国立博物館の西隣に広瀬さんという方がお住まいである。大変お元気な八十七歳だ。博物館に縁があってしばしば訪ねて来られる。今年（平成二十九年）の三月のある日、小さな六花弁の白い花を摘んで筆者のところへ持って来られた。聞けば田中光顕伯爵の家からもたらされた花なのだという。「子供の頃、蒲原の田中を名乗る女中さんから私の家に電話がかかってきて私が父親に取り次いだのだ」「それが土佐出身で宮内大臣を務めたことがある田中光顕伯爵のことだ。時々蜜柑も家に送られて来た」とのお話であった。筆者の目の前の人があの田中光顕と関係があったのかと感慨深かった。

広瀬さんの尊父は高名な銅鏡研究者の広瀬都巽氏であった。この都巽氏と田中伯爵は古美術品のことで交流があり、蒲原（現静岡市清水区）にあった田中伯の邸宅青山荘を昭和十年（一九三五）頃に都巽氏が訪ねた際、その庭に咲いていた珍しい白い花を京都へ土産に持ち帰り、家の前の道路との境目の植え込みに移植したのだという。数日後にそこを訪ねてみると確かに背の低い細い葉の中から写真のような六花弁の白い可憐な花が群れ咲いていた。明らかに人為的な移植の結果である。花の名前について広瀬さんは知らないということだったが、ネットで調べれば「ハナニラ」という早春に咲く南米原産の帰化植物であった。明治になって輸入され、現在では各地に伝播し、特に珍しくはないという。

田中光顕は天保十四年（一八四三）、土佐の佐川に生まれ、幕末には田中顕助の名で中岡慎太郎や坂本龍馬の元で志士活動をおこなった。昭和十四年（一九三九）まで生きて土佐出身の志士らの顕彰活動をおこなった。龍馬の手紙の調査に行けば田中光顕の跋文を見ることがしばしばである。

ハナニラの花

四月になって静岡市蒲原で現在青山荘を管理されている会社の方に電話でお願いして確認していただいたところ「青山荘の裏にも沢山咲いていますよ」とのお返事と花の写真をいただいたのも面白いところである。

この白い花は静岡から京都に移されて八十年を経ても毎年春に咲いてきたのだ。路傍の花にも歴史があるという話である。

→矢印の研究←

矢印の話である。矢印とは「→」「←」のようなもので、現代社会では数多く存在し、便利で有効だ。ところがこの矢印にも歴史があり、研究する意味があるとされる。

戦国時代の様子を記述したとされる『武功夜話』という古文書が疑わしい証拠として砦の図面に矢印「→」が描かれ、軍兵の進行方向を表わしている状況を検証して「江戸初期に描かれたものではありえない」という偽書論を読みながら、そういえばそうだと思い、坂本龍馬の「霧島山登山図」（慶応二年十二月四日、乙女宛）を見れば、○に〜を付けて「この穴は火山のあとなり」などと記していることから、やはり江戸時代には「→」のような矢印は存在しなかったのだとちょっと思っていた。現代の矢印は明治時代半ば以降の西洋的なものであり、方向性や運動性、注意点を表わすようになったらしい。「→」を意味ある記号として認識する「文化」がなければ、存在しても意味がないのである。

ところが最近、坂本龍馬の『長幕海戦図』（慶応二年十二月四日、坂本権平・家族一同宛、坂本家蔵・京都国立博物館寄託）をそんな目で見ていたら驚いた。龍馬の乗る「桜島」（ユニ

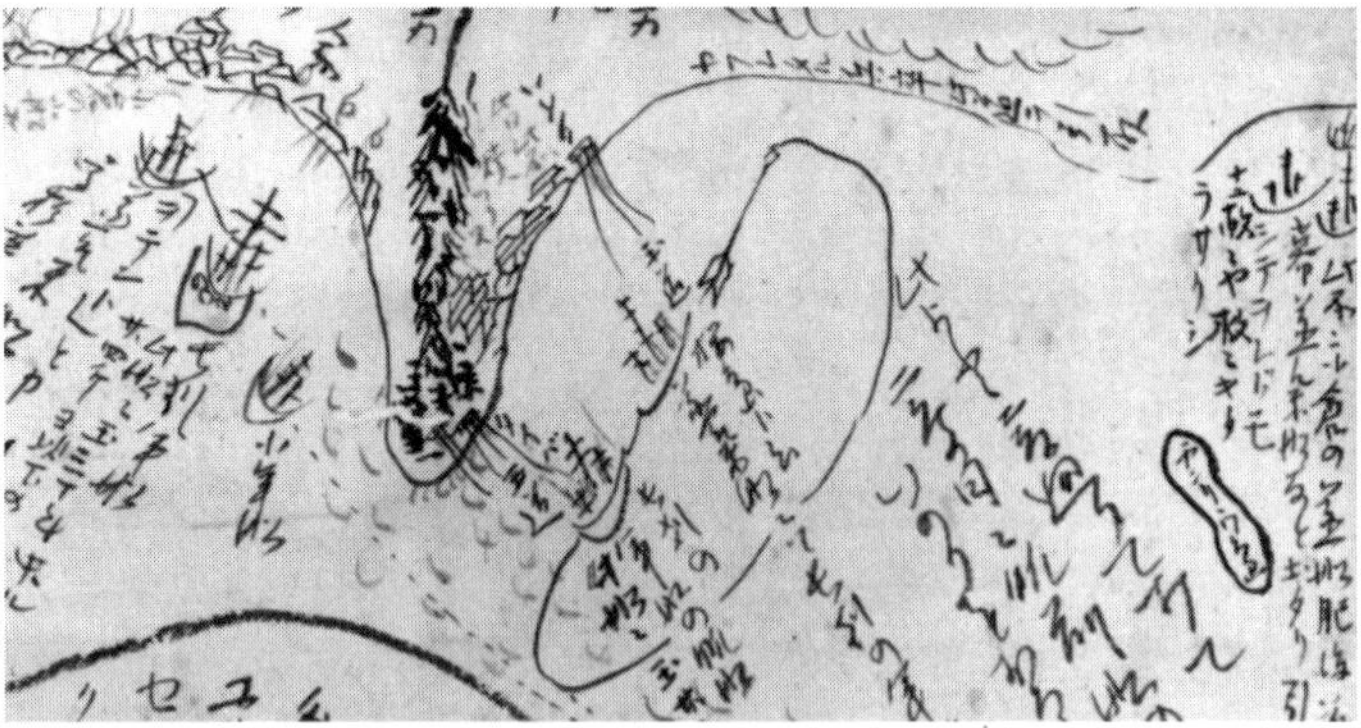

「『長幕海戦図』（部分）、慶応二年十二月四日、坂本権平・家族一同宛」（坂本家蔵、京都国立博物館寄託）

オン号）とそれが曳航する長州帆船の二隻の船団が楕円形に運動しながら門司側の砲台を大砲で攻撃する場面に「矢の図像」（根元に矢羽あり）が描かれていたのだ。拡大図をご覧いただきたいが、関門海峡上に存在する現実の巨大な「矢」ではなく、あきらかに「桜島」の進む方向を示すための「記号」である。現代人でも船の進行方向を表わすものであることが分かるのだ。この表現方法を龍馬の発明だとは思わないが、幕末期にはおそらく西洋の地図・海図などの影響を受けて「矢の形」が運動の方向を示すものとして認識されていただろうことがこの海戦図に窺えるのだ。現代人がなにげなく使う矢印「→」が日本で普及する少し前の様子を龍馬が示してくれたのである（彼の先進性をよく示していると思う）。

薩長同盟とは何か

龍馬を主人公にして幕末史を見ている筆者から見て「薩長同盟とは何か？」という問題を書いてみたい。

慶応元年（一八六五）から龍馬や中岡慎太郎らが仲介して薩長和解を進めてきたが、慶応二年（一八六六）一月に京都で会談ののち結ばれたとされる薩摩藩と長州藩との盟約を薩長同盟と呼び、薩摩藩は長州藩をどのように助け、朝廷での地位を回復するか、さらに両藩は皇威回復で一致したという六箇条の約定だ。龍馬は桂小五郎の手紙に確認の朱書裏書をしたのだがその意義がどうのこうの、が薩長同盟の研究ということに歴史学的にはなっている。

しかしながら最近の筆者の考えは全く別だ。薩長同盟を法人間の契約関係のようにとらえるのは間違っている。薩摩藩というモテモテの女性が幕府と長州藩という男性ふたりから同時に言い寄られている状態を脱して、幕府にごめんなさいをして長州藩と結婚したようなものだ。下世話すぎる喩えだがこれが一番しっくりする。「薩長はデキてる」という関係を周囲の人、すなわち幕府や諸藩がどう見たかというところにこの同盟の本質はある。

慶応二年夏に幕府の第二次長州征伐を平然と迎え撃った長州藩のうしろに薩摩藩がいること自体が、薩摩藩が軍隊を出して助けなくても大きな防衛力となったのだ。

結婚は契約ではなくお互いの信頼によって成り立つようなもので、年に二回の海外旅行や離婚の際は財産を八割よこせが結婚の本質でないのと同じだ。明治から昭和の前半までもこの同盟に意味があったことを考えると「契約」を超えた男女の仲のようなものがそこにあったはずだ。

ここが文書第一主義のいわゆる「歴史学」の理解を超える部分である。いがみあっていたとされる薩摩藩と長州藩（性格もずいぶん違うように思われる）がなんだかんだ半世紀以上もつれそっていた本当の理由は慶応二年に結ばれた「六箇条の約定」という「文書」の中身を読んでも理解出来ないように思う。薩長は奥深い関係だ。ここに解明すべき歴史の要点があるのである。

龍馬は大人になってから

いささか話題とする時期が遅れているが、龍馬を歴史教科書からはずす問題を書いておきたい。龍馬は教科書に載せるほどの具体的活動をしていない（はずな）ので、中高生の日本史の教科書からは除外してはどうか？ という意見に対して「それはけしからん」などという話題が平成二十九年（二〇一七）末のマスコミを賑わしたことを皆さま記憶されているであろう。

筆者は「たいしたことしていないから載せなくても良い」などという一見まっとうそうな意見を言ったり、「そうだそうだそのとおり」などと同調したりする人たちには「うんうん、あなたたちにはそう見えているのね」と言いたい（視点の多様性）。確かに教科書に書くには龍馬は分かりづらいし、評価が難しい人物である。伊能忠敬のように定年後に天文学を勉強し、本格的な日本地図をつくりました、という中高生に教えるにふさわしい人物とは対極だ。龍馬はある意味、教科書になじまない人物ではないか。

薩長同盟の仲介者は坂本龍馬や中岡慎太郎や土方久元ら土佐出身者が中心だったことは

周知されているが、薩摩と長州が主役であり、仲介者は脇役だ。さらには龍馬が居ようが居まいがいずれそうなったのだ（歴史の必然だ）・・という歴史学者的な意見がその根底にあるように感じる。筆者がいつも言っている「歴史が主役なのか？　それとも人間が主役なのか？」という命題に行きつくと思う。

筆者は「龍馬は教科書に載せなくてよい」と考える。なぜなら龍馬の活動はとても一行で書けるようなものではないし、簡単には評価出来ない複雑でとらえ難い大人物だからだ。教科書的な価値観の外側に飛び出している。龍馬はウィスキーのような人間であり、未成年者にはまだ早い。多少なりとも社会経験を積んでから『竜馬がゆく』を読んでも遅くはないと思う。「龍馬は大人になってから」である。

（これは逆説的な褒め言葉だ。こう書くと子供もこっそり読みたくなるので大丈夫）

矢印の研究（補遺）

以前に「矢印の研究」という記事を寄せたが、今回はその補遺である。江戸時代には現在よく使われている「→」のような矢印はなかった云々という話を書いたのだが、方向を示す記号はいつの時代も必要だ。

最近気付いたが、四国にお住まいの方なら見慣れた遍路道標（遍路石）にその図像があったではないか。そう、四国霊場八十八か所めぐりをするお遍路さんのために道路の辻の横に建って寺の方向を指し示す「手印《てじるし》」である。遍路石は江戸時代の後期から明治時代を中心に四国各地に多数建立され、自動車時代でない徒歩のお遍路さん（もちろんちゃんとした地図やスマホナビもない時代）に役立つものだ。お遍路さんをもてなす「お接待」にも通ずる行為だ。造立年号が石柱に刻まれていて、年代順に編年出来るのも嬉しい。

最も古い遍路石は貞享年間とされるので十七世紀の後半に建てられたものだが、その印は通常の人差し指を出した「指差し形」ではなくて、手のひらを広げてやんわり導く形だ。「手のひら形」と呼ぼう。この形が初期にあって、やがて江戸時代後期、十八世紀後半から十九世紀にかけては人差し指でピストルをつくるような「指差し形」が隆盛を極める。もうこれが普通だ。手と袖口（弘法大師の袖）を表わすものもある。

我々がよく知る「→」のような表現の遍路石も少しだけあるのだが、それは昭和三十年（一九五五）以降のごく最近のものだ。近年つくられた復古調の遍路石でも「指差し形」が多い（写真）。

四国ではそうだが筆者の住む京都山科では近所に「みぎうじみち」「ひだりおおつみち」など文字で左右の方向を示す江戸時代の石柱が建っている。

遍路石の手印『指差し形』。松山市石手寺門前

現在は自動車で道路を走ればそこら中が交通標識としての矢印「→」だらけだ。分かりやすいが味気ない。遍路石の手印は人にやさしい気がするのである。

龍馬の話から遠ざかっているが、このような方向を示す記号を世界的に調べても面白そうだ。誰か卒論でやってみませんか？

日本人のお名前――幕末編――

某公共放送の日本人の名前を題材にしたバラエティ番組を毎回楽しく見ている。そんな変わった苗字があるのか！　といつも驚く。そのルーツを探るところも興味深い。

幕末史にも何人か不思議な苗字をもつ人が出てくるが、毛受鹿之助という名前の越前藩士がそのひとりだ。最初は「けうけ？」などと読んで失礼したが、「めんじゅ」あるいは「めんじょ」と云うとは知らなかった。この毛受鹿之助は中根雪江や三岡八郎とともに慶応三年（一八六七）十二月に京都で新政府の参与となった人物だ。

しかし歴史を遡れば「毛受」という苗字の有名人がすでに居た。戦国時代、柴田勝家の家臣で、天正十一年（一五八三）の賤ケ岳の合戦で敗色濃厚となった際に、主君勝家を北ノ庄城へ逃すために、身代わりとして奮戦して死んだ毛受勝助（弟）と毛受茂左衛門（兄）兄弟である。主君に忠義を尽くした家来の鑑として賞賛されてきた。毛受兄弟が討死した古戦場は滋賀県長浜市木之本町の山麓にあたる。明治九年（一八七六）には滋賀県令の籠《こ》手田《てだ》安定（この人も珍しい名字だ）が彼らの墓碑を建立した。さらに昭和になって愛知県在住の毛受一族もそこに石碑を建てて顕彰している。幕末の武家ならば越前松平家に「毛受」という家臣がいることに感慨を抱いたはずである。

龍馬の師、勝海舟先生も珍しい苗字だ。親父の小吉が養子に入って継いだ旗本の家である。慶応二年（一八六六）に大坂へやってきた勝海舟が多忙な本務の合間に祖先の地である「江州勝村」に使いを遣って云々、というような記述が『海舟日記』にあったはずだ。

勝海舟の御先祖発祥地、滋賀県長浜市勝町にある「ここは勝町です」の看板

勝の御先祖は近江国坂田郡に発し、三河に移ったのち、天正年間に徳川家康に仕えた。江戸時代にはほぼ無名で小禄の旗本にすぎなかったが、幕末に勝海舟が出て有名になったのだ。その勝先生が自分の家のルーツを気にかけて近江まで使いを出して訪ねさせたところが面白い。

勝海舟の祖先の地「江州勝村」は現在の滋賀県長浜市勝町にあたる。長浜城からも遠くない。もとは農村だったが、今は市街地となり、面影はない。写真を掲げたので、ちょっとだけ勝先生の気分を味わっていただきたい。

Ⅵ　千葉重太郎と佐那のこと

山国隊と千葉重太郎 ——桶町千葉道場のこと——

本稿は平成二十一年（二〇〇九）の『歴史読本』（五十四巻九号）に記した「山国隊と千葉重太郎」を多少改訂したものである。龍馬の剣術の師であった北辰一刀流千葉道場の千葉重太郎に関する文章であるが、読み直せば難解な部分もあったかと考えるので、文章を見直して読みやすく改めたが、骨子内容に変化はない。山国隊取締であった藤野斎《ふじのいつき》の目を通して見た千葉重太郎と桶町千葉道場の姿がテーマである。藤野の日記『征東日誌』には千葉重太郎のひととなりの詳しい記載と龍馬と恋仲であったとされる千葉佐那の存在の気配が感じられたのだ。藤野斎の几帳面な性格が日記を書かせ、後世の私たちに戊辰戦争のある局面をよく示してくれたのである。したがって本稿の主人公はこのような歴史を記録し、後世に残してくれた藤野斎であるとしても良いのである。

はじめに

慶応四年（明治元年・一八六八年）の戊辰戦争に丹波国から参戦した「山国隊」は現在の

京都市右京区の京北鳥居町・京北辻町・京北塔町・京北比賀江町など旧山国郷を故地としている。京都の市街地からは高尾経由で周山街道を北上し、自動車でも一時間はかかるのどかな山間の地である。桜で有名な常照皇寺がある。また山国隊ゆかりの山国神社や戦没者を祀った山国護国神社があってその雰囲気を今に伝えている。山国隊は現在では京都時代祭の先頭をきって行進している。以前は筆者も山国隊と言えば「時代祭」と「農民による勤王の志の篤い隊」という程度の認識であった。

ところが平成二十年（二〇〇八）、この山国隊に関する史料を読む機会があった。直接的には博物館に仕事で来られている京都の老舗美術出版社の営業担当の藤野さんから借りて読んだのだ。この藤野さんの御先祖が藤野斎なのである。その結果、戊辰戦争を参加隊の視点から記述した記録とそれに関する詳細な研究の存在に目を開かれたのである。山国隊の参加者がそれぞれ何の目的で東征軍に従軍することになったのか、その歴史学的テーマについては文末の参考文献に譲りたい。

本稿の目的は筆者の興味の対象である坂本龍馬とこの山国隊との間に共通する人物について残された記録から明らかにすることである。

山国隊のこと

まずは慶応四年（明治元年）に結成された山国隊のことを簡単に記しておこう。慶応四年正月の鳥羽伏見の戦いの際、山陰道鎮撫使であった西園寺公望の檄に応じて集まった山国地域の農樵民による部隊である。京都で岩倉具視から「山国隊」の名が与えられたという。彼らは京都御門警護など勤王のために京都で働く予定であったのだが、二月に因州鳥取藩配下の一隊として東征軍に参加することになったのだ。隊長は因州藩士河田左久馬（龍馬も河田あての書簡を一通書いている）、司令は但馬郷士の原六郎である。山国隊は四十名ほどで、辻の名主藤野斎（藤野近江守）が取締という隊の中心人物であった。この藤野の記録『征東日誌』が本稿の情報源である。

山国隊は京都を出発して、東山道軍の一隊として美濃大垣から信州諏訪、そして甲州甲府城へ至る。さらに甲州勝沼で近藤勇の甲陽鎮撫隊との小規模な戦闘を経て、八王子から新宿へ至り、他の隊とともにまず尾張藩邸に入った。そこで有名な「魁」の文字入りの熊毛陣笠を与えられたのだ。また鼓手も加わった。

そこから関東北部での戦闘に参加し、壬生城外の「安塚の戦」で旧幕府軍と戦った。さらに江戸帰還後には上野寛永寺での戦いに先鋒として参加した。そののち隊の一部は河田隊長に率いられて奥州戦争に参加した。また一部は江戸の因州藩邸に居て東山道軍総督の御門警備などにあたった。仙台遠征後に東京（江戸から改名）に再集合した山国隊は明治元年（一八六八）十一月に京都に帰還した。山国郷からの関東への出征者三十五名のうち戦死者は四名、病没者が二名、負傷者若干名があった。

『征東日誌』に見える千葉重太郎

ここで引用する『征東日誌』は山国隊取締であった藤野斎の手による詳細な記録である。自身の日記などをもとに明治二十年代までにまとめられたものであり、単なる回想録ではない。同時代史料と言って良い価値をもつ。この日誌の中に坂本龍馬が剣を学んだとされる千葉道場と千葉重太郎に関する記述が多々見られたのである。

山国隊が因州鳥取藩に属して藩士河田左久馬隊長の指揮下にあったことは述べたが、江戸での滞在先は主に因州藩添屋敷（八代洲河岸の因州藩上屋敷の北隣）であった。そこで山国隊取締の藤野斎と深くかかわったのが因州藩士にして北辰一刀流千葉道場の主人千葉重太郎だったのだ。江戸での山国隊の世話係であり、隊員を千葉道場で教えてもいる。

記録の中の千葉重太郎と千葉道場

藤野斎の『征東日誌』には千葉重太郎が頻出するのだが、そのうち重要と思われる部分を左に引用する。「近江」「近江守」が筆者の藤野斎である。日付はすべて慶応四年（一八六八）すなわち明治元年（九月八日に明治に改元）である。その交流の記述は同年五月から十一月に渡る。なお藤野の記述は明治時代に自身で編集したものであり、その語彙に明治以降にしかない表現、たとえば「北海道」など、が見られることは注意しておきたい。

「藤野斎『征東日誌』より」

慶応四年（一八六八）	
五月五日（a）	「雨。（中略）近江守、京師早追ヒ発駕ノ準備ニ付、参謀局本営千葉氏へ参向シ金策等ニ付、夜二更臥ス。」
五月六日（b）	「強雨。（中略）草栄、千葉氏へ刀を依頼し出来之趣ヲ以千葉氏ヨリ請求セラル、無余義金六両弐歩ヲ割キ相渡ス。（後略）」

七月十一日（c）	「晴。千葉重太郎氏ヨリ近江守ヲ被招席、原六郎・柴捨蔵・細木・那波同酌ヲ賜フ、頗盛会。令妹之ヲ饗応セラレ、各士頗得意、退テ其評説甚多カリキ。（後略）」
七月二十一日（d）	「晴。（中略）夜千葉氏近江ノ局へ来訪シ、山々談話ニ際し示後将来企図せらる々処如何等、懇々談話数刻菓茶上、例ノ金策件ヲ依頼シ置候也。」
七月二十五日（e）	「晴。桶町千葉道場へ撃剣指南入門ヲ乞、其人員、水康・辻繁・北佐藤・橋治・藤宇・森市・辻定・久保為・渋利・田久米・樋弥・草栄、右拾二名トス。明廿六日ヨリ参場可致条、近江衆ヲ拉シテ参向セリ。（後略）」
七月二十六日（f）	「晴。千葉道場へ入門ノ銘々ヲ引率シ、藤野・辻参向シ束修金子匹并ニ重繰台三本ヲ進呈ス。之例ナリト。依之、一隊快宴ヲ開キ之ヲ励賞ス。（後略）」
七月二十七日（g）	「晴。毎朝千葉道場へ折半人員宛稽古スル事トス。（後略）」
八月七日（h）	「晴。午后八ツ刻高室重蔵易簀ス。千葉・原両氏吊慰来訪（中略）。同夜、一隊中之ヲ祭祀看護セリ。千葉氏モ来リ護セラル。」
八月九日（i）	「晴。千葉道場出勤前一同墓参ス（後略）」
八月十一日（j）	「晴。朝千葉氏へ近江出頭、示後ノ軍資金預メ一人別月割金四両許宛拝借相成ノ様依頼致置候也。」

八月二十一日（k）	「晴。本日ヨリ千葉道場ヘ午后八時ヨリ登場之事トス。（後略）」
八月二十三日（l）	「夜強雨。（中略）五ツ刻帰正隊八十八名（奥州ヘ）出陣ス。千葉氏宅ニテ原・藤野・北源・橋直別杯ノ興ニ預ル。（後略）」
八月二十四日（m）	「雨。（中略）入夜千葉氏ヨリ近江守ニ即刻入来ヲ促シ来ル、直ニ刀ヲ携ヘツヽ行。曰、今夜賊徒襲撃スト斥候ヨリ通セリ。依之、御添屋敷邸中ハ貴隊ヘ任ス（中略）。千葉氏払暁来リ云、賊焔既ニ鎮静ニ帰セリト、隊中従是一睡アレト。」
八月二十六日（n）	「晴。（中略）明廿七日弾薬奥州地方ヘ発送ニ付、千住駅迄警護護送方千葉氏ヨリ依頼シ来ル。」
明治元年	
九月八日（o）	「夜来強雨。（中略）夜千葉氏来局、御門一手預リ切ノ労ヲ謝シ、且奥羽地方ノ戦況物語ス、米沢藩ハ去月廿日謝罪降伏シ（中略）夫ヨリ談話殆ド滑稽ニ出、一隊頗ル棒腹シ不知夜半ヲ過ルヲ。」
九月九日（p）	「晴。（中略）千葉東一郎氏ヘ金一千疋ヲ謝議ス。（後略）」
九月十日（q）	「晴。故山国神祭ニ付遥ニ祭祀ノ祝宴催ス。（中略）千葉氏ヲ招シ同飲大ニ快楽ヲ極メタリキ。（後略）」

九月十二日（r）	「雨。（中略）同夜千葉氏ニ至リ前願ノ金策ヲ請求セシ処、断乎謝絶サレ進退爰ニ極マレリト慨嘆セリ。（後略）」
十月三日（s）	「（前略）聞、去ル廿九日水戸藩奸徒市川三右衛門内乱ヲ企図シ（中略）奸徒依之城ヲ陥シ弘道館ヲモ乗之ヲ固守スト。依之、乗夜筑前・芸州ノ二藩兵隊六百余人発陣セリ。我隊之ニ従軍セントシテ千葉氏ニ迫リ乞、千葉云、貴隊ハ戦争数々其軍功各藩ニも不劣、大小之藩兵未タ戦争ノ味ヒヲモ不知者多シ、然シテ付属タル山国隊ノミヲ戦地ヘ出スノ感ナシトセス、殊ニ漸々奥地ヨリ帰リタル処、殊ニ持受勤番中未許処也。仮令水城ニ突進シ今一効ヲ奏スルアルモ、北海道ニテ韮畑ノ今一枚多ク貫ふたり迚テ何乎セン、夫ヨリ人ノスル戦争ヲ評シ他人ニ飽足ル程戦争ヲサシテ遣ル力宜ロシト笑テ不免、我衆大ニ笑テ止ム。（後略）」
十月四日（t）	「晴。（中略）仲西追々危急促迫セリ。終ニ薨ル。（中略）夜千葉氏弔慰一隊中飲。近江守千葉氏ヘ回礼ニ行、客士有数名。千葉氏先年水戸藩内乱筑波山ノ戦争ノ談話ナセシヲ聞帰営ス。（後略）」
十月十一日（u）	「晴。近江・上平両人千葉氏ヘ出頭シ、金三百両一時ニ貸借有之度段依頼シ置。（後略）」
十月十二日（v）	「晴。一隊中空嚢、煙草代モ無之ト愁訴ス。近江、千葉ヘ迫リ裏判ニ頼ムモ、当今金融渋滞之趣ヲ以廻金致し不呉、頗ル困難セシモ陣中糧食尚足ル、少シク忍ン事ヲ説モ一同不快論鉾不止。」

十月十六日（w）	「晴。（中略）千葉氏へ菓子大一箱ヲ携へ行キ金借ヲ催促ス。」
十月十七日（x）	「午後雨。（中略）夜千葉氏金件ニ付近江局へ入来談話中曰、会津帰順ノ士謹慎正実不堪観賞ト。（中略）千葉氏依頼ノ金借未調之趣大ニ固苦候也。」
十月十八日（y）	「晴。（中略）千葉氏入局廿一日弥々河田氏帰府可相成ニ付、千住宿迄一隊行軍ヲ以迎之哉ト。諾、早速其準備ヲ正ス。然ニ、一円金タモ無之ヲ以大ニ之ヲ歎息ス。（後略）」
十月二十日（z）	「曇。千葉氏来告テ云、明朝弥々一隊行軍体ヲ以、河田氏ヲ千住駅ニ迎フヘシ。（後略）」
十月二十一日（あ）	「微雪降。（中略）千葉ト我体ハ隅田川乗船ニ而洲寄屋河岸へ着船、入夜帰営ス。（後略）」
十月二十七日（い）	「晴。（中略）千葉氏入局、今回宮様御凱旋弥々相定、付而ハ御警衛願意御許容可相成趣ニ付、以前ヨリ御用立之金員一先返済可致呉条被催促、近江殆ト困却ス。（後略）」
十月三十日（う）	「晴。（中略）夜八ツ刻桶町失火有戒心一隊出兵用意ヲ整理シ御門番五人宛出勤セシム。橋治・久保秀・藤寛・藤宇、千葉道場へ火事見舞ニ出ス。千葉道場幸ニ全シ、橋治非常之働きを作セシト千葉氏ヨリ特別礼辞被申入タリ。」

十一月三日（え）	「晴。金策頻ニ催促為スモ河田氏大劇務不得面接、依之、又千葉氏ヘ依頼シ山田宗平氏（因州藩御留守居役）ヘ書面ヲ以拝願ヲ出ス。（後略）」
十一月四日（お）	「晴。（中略）右願書ニ対シ何等之一報モ無之（中略）然ル処ヘ千葉氏来リ怒々云、前日来毎々依頼之金五百両山田ヘ頼ミ相成明朝ノ只今ニ到ルモ何等取定マリタル儀無之ヲ見ニ不忍、山田ノ如キ遊野郎留主居ニ被相頼モ今ニ不帰人物、依之右五百両之金者当分拙者ヨリ繰リ替可申ニ付（後略）」
十一月五日（か）	「晴。千葉道場ヘ金千疋ヲ謝礼ス、橋爪治兵衛之ヲ使ス（中略）近江千葉氏ヘ出頭、未帰、令妹三人ヘ種々世話相成候段謝辞ヲ述、二更迄待モ帰宅無之、帰局臥。（後略）」
十一月八日（き）	「晴。（中略）千葉氏ヨリ百五拾両ヲ来ル十二月中借用証書ヲ差入一済算之手順ト相成候也。千葉氏ヘ永々世話ニ相成候故ヲ以鴨双羽進上ス。（中略）七ツ刻各々別ヲ告ケ因州邸ヲ出発ス。（中略）千葉氏数奇屋河岸ニ至リ別ル。」

藤野斎と千葉重太郎との交流

『征東日誌』の関連記事を写してきたが、その内容を分類すれば次のようになる（一部重複あり）。

A、金策（a j r u v w x いえおき）
B、宴席（c f l q）
C、懇談（d o s t x）
D、指揮（m n y z）
E、千葉道場（e f g i j k p うか）
F、その他（b h n t あき）

Aの「金策」であるが、山国隊が最も苦慮したのがこの金銭問題である。藤野斎は金策に困り果てて、「夜眠れない」という文言を度々残している。因州藩預りの山国隊ではあるが、東征費用は自弁が原則であった。藤野は因州藩邸の裏判（出納係）や千葉重太郎に度々借金を申し入れた。その交渉の経緯が克明に記されている。特に京都帰還が迫った十一月には金策に奔走する藤野の苦渋が文面に滲んでいる。千葉重太郎では埒《らち》が明かず、因州藩邸の御留守居役山田宋平に書面で借金を申し込んでいる。しかしそれもうまく行かず、千葉重太郎からは重太郎名義で因州藩から五百両を借用し、それを山国隊に貸し、さらにそれまでの借金をそこから弁済するように言われている（え・お）。この交渉の際の千葉重太郎の金銭感覚からして、重太郎が単なる剣客ではなく、事務会計の能力にも長けた人物に見える。ちなみにこの京都帰還の際、十一月八日（き）に藤野斎が千葉重太郎に百五十両を借金した「證札」が山国郷に今も残る。すなわち帰還後に完済しているのだ。

Bの「宴席」であるが、（c・l）は千葉氏宅での宴席。（q）は山国神社の例祭日ということでおこなわれた因州藩邸内の隊の部屋（局）での宴席。飲酒の席はこれ以外もあったらしい。いずれも楽しそうである。

Cの「懇談」であるが、千葉重太郎が所用で添屋敷内の山国隊の局に来た際などに、奥州の戦局や四方山話に時間をとっていたことが窺われる。その中には千葉重太郎の肉声の記録が多々有って興味深い。九月八日（o）には「夫ヨリ談話殆ド滑稽ニ出、一隊頗ル棒腹シ不知夜半ヲ過ルヲ」とある。千葉重太郎が話の面白い社交性豊かな人物であったことが分かる。また病死した隊員の葬儀にも気を配っている。

Dの「指揮」であるが、河田隊長が山国隊の一部を率いて奥州遠征に出ている間、千葉重太郎が江戸残留隊を指揮する立場にあったらしい。種々の警護や警戒の任務を与えている。特に因幡藩の上屋敷が東山道軍総督の岩倉具定の屋敷となっていたので、その御門警備の役などが与えられた（o）。

Eの「千葉道場」は北辰一刀流の桶町千葉道場に関する記述である。七月二十五日に江戸残留の隊員十二名が「桶町千葉道場へ撃剣指南入門ヲ乞」（e）とある。もちろんいきなり行ったのではなく、数日前から千葉重太郎とそんな話になっていたのであろう。

山国郷出身の山国隊員に侍はおらず、いわゆる農樵兵であった。彼らはその生業・環境から火縄銃で鳥獣を撃つことには長じていたのだ。出征後には東征軍の上層部から段々と新式銃が彼らに与えられている。各方面から山国隊の射撃の腕が賞賛されていたとの記述も有る。しかしながら、壬生安塚の戦いや上野寛永寺の戦いなどの実戦を経て、白兵戦での撃剣術の必要性に迫られたのであろう。彼らは鍬や鎌・斧の扱い方は上手でも刀剣を振るった経験はほぼ無かったのではなかろうか。その事情を知った千葉重太郎が藤野斎と相談の上で十二名の隊員に千葉道場で撃剣を習わせることにしたのであろう。また江戸詰めの無聊を鎮める目的もあったかもしれない。『征東日誌』には千葉道場入門の際の「束修《つかしゅう》金子《きん》」や謝礼の金額などが記録されていて興味深い。道場で実際に稽古をつけたのは千葉東一郎であった（p）。

現在山国郷に残る藤野斎の『買物割付帳』には千葉道場への謝礼金の記述が見られる。九月分には九人の稽古参加者で合計「四両二分」（すなわちひとりあたりの謝金が二分である）の支払いであったことが記されている。また藤野の記した『出入名簿』には千葉道場へ通った隊員の氏名と日付が記録されている。

想像ではあるが、この慶応四年（一八六八）七月頃、桶町千葉道場には北辰一刀流剣術を習いに通う者がおらず、閑散としていたのではなかろうか。坂本龍馬が修行した嘉永～安政年間ならば盛況であっただろうが、慶応四年は戊辰戦争の真っ最中である。千葉道場で稽古するような諸藩の侍ならば帰藩して藩兵を率いるような士官になっているはずである。そこに東征軍としてやってきた山国隊員が入門する余地があったと推測されるのだ。しかしながら考えてみれば剣術のエリート校、天下の北辰一刀流桶町千葉道場で素人同然の山国隊員らが竹刀の握り方から教わっていた、とは一種滑稽な光景ではなかろうか。

その千葉道場（重太郎宅）で藤野斎は千葉佐那にも会っているようだ。七月十一日に「千葉重太郎氏ヨリ近江守ヲ被招席、原六郎・柴捨蔵・細木・那波同酌ヲ賜フ、頗盛会。令妹之ヲ饗応セラレ、各士頗得意」（c）とある。この宴会で隊員を饗応した「令妹」とは重太郎の妹であろう。さらに東京を離れて京都へ戻る前の十一月五日に千葉道場に挨拶に訪れた際、重太郎が不在だったので代わりに「令妹三人へ種々世話相成候段謝辞ヲ述」（か）とある。この「令妹三人」の中に佐那がいるのではなかろうか。

千葉重太郎の妹、佐那・里幾・幾久が連署名した龍馬の「北辰一刀流長刀兵法目録」は安政五年（一八五八）正月の日付である。この『征東日誌』の「令妹三人」がその三姉妹なのかについては考慮の余地がないわけではないが、少なくとも明治元年十一月五日には千葉定吉の娘佐那が千葉道場にいて、山国隊の藤野斎から謝辞と別離の挨拶を受けていたことは疑いない。

千葉重太郎のこと

千葉重太郎は坂本龍馬に北辰一刀流剣術を教え、文久二年(一八六二)末に龍馬とともに勝海舟を訪ねたとされる。ここでは山国隊史料以外から重太郎のことを見ておこう。

因州鳥取藩池田家の家臣でもあった千葉重太郎一胤に関する記録は鳥取藩の幕末維新史(『贈従一位池田慶徳公御伝記』など)の中に散見される。重太郎は嘉永六年(一八五三)四月に三十歳で父定吉に続いて因州藩士となる。撃剣取立が役職名である。文久二年からは周旋方を務める。江戸だけに留まったのではなく、京都や西国方面、讃岐や阿波(土佐には行っていないようだが)そして鳥取まで足を延ばした記録が見られる。江戸出身者の立場から関東江戸の情勢を本藩へ知らせる役割などがあったようだ。また千葉道場での剣術指南を通じた交友の広さ、すなわち情報の豊かさが鳥取藩には有用だったらしい。ただしそれらの記録からは藤野の日誌のような彼の人間性を知ることは出来ない。

重太郎が生まれたのは文政七年(一八二四)。龍馬が天保六年(一八三五)、勝海舟が文政六年(一八二三)生まれであるから、龍馬よりは勝海舟と同じ世代と言える。

鳥取県立博物館所蔵の「千葉一胤履歴」(明治四十年三月に養子嗣千葉束が書いたもの)の

中に千葉重太郎と勝海舟との深い交流が記される。ただしこれは千葉束の記憶によるものであり、歴史的事実とするかどうかの判断が難しい内容を含んでいる。

そこには、文久元年（一八六一）の大晦日に勝海舟が千葉重太郎宅に芋のことで腹を立てて文句を言いに来た話（冗談か）や勝海舟に誘われて幕府の軍艦快動丸（順動丸の誤りか）に乗った際、勝から「是非海軍ニ従事セヨ」と勧められたが「大ノ舟ギライニテ若山（和歌山）ヨリ上陸帰京致シタリ」という話などが記載されている。千葉束は「勝氏一胤間ノ交情ハ右記載ノ如ク深厚ナル間柄ナリシ」と記している。さらには紀州日高郡某所の「狸紺屋」という家に千葉重太郎が門弟ふたりと宿泊した際にその家に飼われている狸が門弟両人に怪異をなしたというまことに珍妙な話（後述）なども詳細に記されている。

筆者の想像だが、これらは義父重太郎が千葉束に語り残した「冗談の類」なのであろう。その面白さの記憶が千葉束をしてこのような逸話を書き残させることになったのではなかろうか。明治元年（一八六八）九月八日の深夜に山国隊員らを抱腹させた重太郎の滑稽話（〇）もそのようなものかと推測されるのである。

千葉重太郎は明治四年（一八七一）以後、開拓使および京都府に出仕し、明治十八年（一八八五）に京都で病没。享年六十二歳。墓は東京雑司ケ谷霊園。

なお『池田慶徳公御伝記』には千葉重太郎の住所が「桶町三拾壱番地面」（明治三年六月

二十六日条）と記されている。

おわりに

以上、長々と山国隊と千葉重太郎のことを述べてきた。小説やドラマでなんとなく分かっていたつもりであったが、藤野斎の『征東日誌』の記述などから坂本龍馬が学んだとされる千葉道場の様子や親交のあった千葉重太郎の人柄が少しは見えてきたのではなかろうか。そして龍馬と恋仲だったとされる千葉佐那の存在もこの記録の中にかすかに窺うことが出来たのである。

藤野斎が千葉重太郎とかかわったこの半年の間に江戸は東京に、慶応は明治に、両は円になった。その目まぐるしい時代の変化もこの『征東日誌』には詳しく記されている。その中に丹波山国隊と千葉家の人々の交わりもいきいきと筆記されたのだ。

なお戊辰戦争に参加した多くの諸隊のうちでこの山国隊が途中で分解もせず、その従軍の様子が後世に知られ、今なお時代祭の行列にその名残りを見せているのも、多くは藤野斎の苦心惨憺たる隊運営に負っているのである。

【参考文献】

水口民次郎『丹波山国隊史』（山国護国神社、昭和四十一年）
仲村研『山国隊』（学生社、昭和四十三年）
藤野斎著、仲村研・宇佐美英機編『征東日誌　丹波山国農兵隊日誌』（国書刊行会、昭和五十五年）
鳥取県立博物館編『贈従一位池田慶徳公御伝記』（全五巻および別巻、平成四年）
県立鳥取図書館「千葉一胤」『鳥取藩史　藩士列伝』（昭和四十四年）
千葉東「千葉一胤履歴」（明治四十年）鳥取県立博物館蔵
千葉栄一郎編『千葉周作遺稿』（桜華社、昭和十七年。慧文社、平成十年）

千葉重太郎の冗談 ——弟子が狸に化かされた！——

千葉重太郎がたいへん話好きだったことは藤野斎の『征東日誌』の中に出てくる。明治元年（一八七二）九月八日（明治改元のその日）の夜に因州藩添屋敷の山国隊の局にやってきた重太郎の四方山話は「夫ヨリ談話殆ド滑稽ニ出、一隊頗ル棒腹シ不知夜半ヲ過ルヲ」と記されたのだ。また千葉束が記載した「千葉一胤履歴」（鳥取県立博物館蔵）には紀州日高郡の某屋敷で門弟ふたりが狸に化かされたという珍妙な話が記されている。こんな冗談を言う義父だったので千葉束はよく記憶していたのであろう。左にその話を載せて置きたい。

「紀州日高郡（村名不明）一胤［千葉重太郎］弟子桐原市太郎、柏木馬之助の両人を召連し、土地にて有名なる狸紺屋と称する家に招かれ　酒飯の際に主人申すには、拙宅に前代より狸を飼養致し居候処、武者修行の御方御赴になると右の狸怪異を表はし云々、其節抜刀致さる事度々有之候に付、前以て御断り申置云々と。尤も悪戯のみにて危害は仕まじく候。夫をききたる弟子両人高言して、英雄に対し左様の事有べきかはと申。其内柏木便所に至りにし　入口に異大なる入道突立現はれしに大に驚き立帰り桐原に向い曰く、実に不思議なり主人の言を疑ひしに今正に怪物を見たり、と談せば市太郎曰く、其元は小膽《しょうたん》なる故畜類に侮どらるるなり、今後より練膽《れんたん》法を授け申さん、と話ながら膳部に附し鮭の塩引を箸を付んとすれば、五寸一尺と空中に昇り、終に天上板に吸付たり。是にて何も驚き詐言ならざるを知れり。該家は当地にて狸紺屋とて一の名物と称せられしなり」

調べたが和歌山県内にはこの「狸紺屋」は現存しないようである。千葉重太郎の冗談に現代人がふりまわされた事例である。あるいは落語の演目のようなものなのかもしれない。

千葉周作の教え

坂本龍馬が江戸で学んだ剣術は北辰一刀流。その開祖は剣名高い千葉周作（寛政六年〜安政二年）である。彼の言をまとめたものが『千葉周作遺稿』（昭和十七年）として刊行されている。とても面白い本だ。その内容の紹介である。

門弟三千六百余人と称されたお玉ケ池の玄武館千葉道場。司馬遼太郎は千葉周作のことを教育者として優れていたと書いている。当時の通例である秘術とか師弟相伝とかいう狭い流派主義にはとらわれず、合理的な教育指導を施したという。

千葉周作は入門者には目標を高くもてと述べている。「兎角目あては甚大事なり」「天下の一人、剣聖と呼ばるるようにと心掛けて修行すること肝要なり」と。今ならさしずめ大学院で研究するのなら「ノーベル賞を目標にせよ」とでも言うようなものだ。

「稽古前には食事を減少すべし」とか「修行には欲が必要だ」とか「稽古中、気は大納言のごとく、業は小者中間の如くすべし」とか「稽古は自分より上手な人を選んですべし。ただ業をならすには下手と稽古するとよい」とか「他流試合の際には会釈は遠く離れてすべし（不意打ちに警戒せよ）」などなかなか興味深い。

千葉周作は稽古後の夜話に門弟らに様々な自分の経験談を惜しみなく語ったとされる。

この周作の弟が千葉定吉、定吉の子が重太郎・佐那となるのだ。龍馬の江戸修行初期は周作の最晩年である。おそらくこのような教えは龍馬にも伝わっていただろう。

千葉周作の座右銘は「それ剣は瞬息、心気力の一致」である。

『稿本藍山公記』に記された千葉佐那

次頁からの文章は 新人物往来社の『歴史読本』(五十五巻四号、二〇一〇年)に掲載した「目撃された千葉佐那」を基本にしながら少し改稿したものである。

坂本龍馬の婚約者であったとされる北辰一刀流千葉定吉の娘千葉佐那に関する史料の掘り起こしに関する文章である。龍馬の人生にかかわった佐那について、宇和島伊達家の史料にどのように記され、どのように世に出てきたのかという話である。

せわしない時代に生きている我々はつい性急に「ネットで結論だけ」を求めがちだが、どのような事象もその「分かってくる過程」に意味があるように思う。千葉佐那が宇和島伊達家の史料にどう書かれていたのか? 歴史小説にあるように「本当に美人だった」のか否か、は本来の歴史の本質とは全く無関係なのであるが、坂本龍馬のファンからは「よくぞ掘り出して」と褒めていただいたように感じている。歴史には無関係だが意味があるという不思議な現象だ。これもまた歴史の一幕ではなかろうか。

はじめに

平成二十一年（二〇〇九）、筆者は坂本龍馬と交際関係にあったとされる千葉佐那のことを知ろうと思い、彼女に関する基本文献とされる明治時代の山本節の記事「坂本龍馬の未亡人を訪ふ」（『女学雑誌』三五二号）の原本を探していた。十月の下旬に京都大学人文科学研究所の図書室を訪れて、その復刻版を閲覧し、複写をおこなった。わずか三頁の短い文章である。この中で千葉佐那は「自分は坂本龍馬の婚約者であった」と語っているのである。明治二十六年（一八九三）八月二十一日に新聞記者の山本節が山梨県甲府市の小田切家に滞在中の千葉佐那に会ってインタビューした内容の記述である。その記事の後半部にこのような一節がある。

「然れども予州伊達候の姫君政子と云へるは妙齢にして武道を修し、妾（佐那）に就ても、薙刀、撃剣、居合、及び馬術等を修めたるが、資性活達にし、武道に勘能なること男子中に於ても匹に見る所、妾許すに免許皆伝を以ってしたり」

千葉佐那が伊予国の伊達家の姫君政子の武術の指導をして、その武芸達者ぶりを賞賛し、免許皆伝した、と記されているのである。

この『女学雑誌』のコピーを読みながら「これは実在の姫君なのだろうか？　宇和島に

問い合わせれば、あるいは何か手がかりがあるかも知れない」と考えて、博物館の机から宇和島市立伊達博物館へいきなり電話をかけたのである。筆者は電話口に出られた学芸員の方に「そちらに幕末頃、伊達政子という姫君が居られましたか？　その方に剣術を教えた先生を千葉佐那というのですが、何か史料はありませんか？」と聞いたのだ。その返事が「ええ、そんな記録があります」であったので大変驚いた。

後日、十一月末に愛媛県宇和島市に伺い、史料調査をおこなった際に、この記載発見の経緯も確認した。伊達博物館学芸員の山口美和氏（当時）が平成二十年（二〇〇八）春の段階で『稿本藍山公記《こうほんらんざんこうき》』の安政三年（一八五六）の巻に記載されている「さな」「左那」という名前の御側女中が「於正殿」に剣術の指導をしている記事に眼を留めた。そしてこれはあの千葉佐那ではなかろうかと気にかけて、関係記述のピックアップをおこなっていたのである。しかしながら「さな」という名前だけで「千葉」という姓がなく、北辰一刀流とも書いておらず、手がかりが乏しかったため千葉佐那であるとは断定出来ていなかった。もちろん『女学雑誌』の記述はご存知ではなかったのだ。

そんな状態のところに平成二十一年の十月下旬に筆者が京都から電話で問い合わせをし、さらに『女学雑誌』の記事をファックスで送ったことから、『稿本藍山公記』に登場する「さな」があの千葉佐那であることを双方ともに確認したのである。千葉佐那関係記事はこのようにして世に出たのである。

記事の中身を紹介する前にまずは宇和島伊達家のこと、正姫の家族のこと、記事の成り立ちなどを見ておこう。

幕末の宇和島伊達家

宇和島伊達家は仙台の伊達政宗の長男である伊達秀宗が元和元年（一六一五）に入部して始まった。主に伊予の南部を領地とし、宇和島に藩庁を置いた。十万石を基本とする。『稿本藍山公記』を読む前提として、記事に登場する人物を簡単に記しておこう。

まずは八代藩主伊達宗城《むねなり》である。藍山公であり、『稿本藍山公記』の主人公である。幕末四賢侯のひとり。文政元年（一八一八）に生まれ、明治二十五年（一八九二）に没した。伊達家の血縁である旗本山口直勝の二男で、文政十二年（一八二九）に宇和島伊達家の七代藩主宗紀《むねただ》の養子となり、弘化元年（一八四四）に宇和島藩第八代藩主となる。安政五年（一八五八）に隠居（伊達宗城は将軍継嗣問題で一橋慶喜派であったため、松平春嶽や山内容堂と同じく安政の大獄にかかり処分される）して家督を世子宗徳《むねえ》（宗紀の実子）に譲るが、それ以後も藩の実権はこの宗城にあった。大村益次郎を宇和島藩に招くなど宇和島藩の近代化を企図したことで知られる。佐那とかかわった安政三年（一八五六）当時は三十九歳である。

次に七代藩主であった伊達宗紀である。『稿本藍山公記』には「先公」「老公」「大屋形様」と記される。寛政四年（一七九二）に生まれ、没年は明治二十二年（一八八九）。大変長生きであった。安政三年当時は六十五歳。子女は多かったが、夭折した方も多い。以下に記す宗徳・正・節などの父親である。

宗城の世子が伊達宗徳。伊達宗紀の三男。宗城の養嗣子である。安政五年に九代藩主となる。『稿本藍山公記』安政三年の巻には「世子殿」あるいは「御曹司」と記される。また『御手留日記《おてどめにっき》』には「大膳」と記される。天保元年（一八二九）生まれ。明治三十八年（一九〇五）没。享年七十六。安政三年当時は二十七歳。

主人公の正姫は「於正殿」。宗紀の七女。千葉佐那を先生として武芸馬術などを習った活発な姫君。天保九年（一八三八）に宇和島で生まれ、天保十五年（一八四四）に江戸に移り住んだ。安政三年当時は十九歳。安政五年に肥前島原藩主松平忠精に嫁す。明治四年（一八七一）没。享年三十四。

節姫は「於節」。宗紀の八女。天保十一年（一八四〇）生まれ。正姫の二つ下の妹。安政三年当時は十七歳。上総飯野藩の保科正益に嫁して保科節子となる。明治三十八年没。

『稿本藍山公記』の成り立ち

『稿本藍山公記』は八代藩主伊達宗城の記録で、全体は百八十一冊（一冊欠本）からなる和綴本。表紙は茶褐色。水色の罫線が印刷された用紙に丁寧な毛筆の楷書で記載されており、非常に読みやすい。また所々に朱書による語句や時刻の訂正が加筆されている。記録の始まりは宗城が宇和島藩主となった弘化元年（一八四四）である。宗城が亡くなる三年前の明治二十二年（一八八九）の分が百八十一冊目である。約四十四年間の編年体の詳細な記録で、一年分が約四冊に渡る。明治後半から大正・昭和初期に渡って伊達家の家記編纂所によって編纂されたものであるが、編纂関係の記録が発見されておらず、作業をおこなった人名や年月、編集方針や史料の収集方法などは不明な部分が多いという。ただし完成した『稿本藍山公記』の記述の詳細さからは伊達家がこの作業に大きな力を注いでいたことが窺える。また『稿本藍山公記』に度々引用された『御手留日記』は伊達宗城自身の日記であり、その原本の一部と写本が残っている。この安政三年分には自筆本はないのだが、罫線紙に筆写された写本が残る。この『御手留日記』からは『稿本藍山公記』に於いて第三者的視点に書き改められた部分が、宗城自身どのように書いていたかが分かって大変に興味深い。

おそらく本格的な『伊達宗城公御伝記』編纂の前段階作業の成果がこの『稿本藍山公記』ではないかとされている。この記録の流れを図式化してみると、

『御手留日記』（宗城自筆本）
↓
『御手留日記』（写本）・その他の史料
↓
『稿本藍山公記』
↓
『伊達宗城公御伝記』（未完）

となるだろう。

現在、この『稿本藍山公記』は財団法人伊達文化保存会で保管されている。その中から『伊達宗城在京日記』などが抽出されて編纂されている。幕末政治史の研究には重要な史料である。しかし『稿本藍山公記』そのものを見ると、江戸時代の大名家の日々の細々した暮らしぶりやエレキテルを用いた医療行為の記述なども記されており、大変に面白い。今

後も様々な観点から研究対象とすることが出来るだろう。

『稿本藍山公記』に見える佐那関係の記事

さて本題の安政三年の『稿本藍山公記』に現れる千葉佐那関係の記述である。佐那が登場する部分をその前後の記事を含めて引用する。また同日の『御手留日記』（写本）についても佐那の記事についてだけそのあとに引用する。伊達宗城の肉声であり、その表現の違いを比較されたい。千葉佐那が登場するのは江戸広尾にある宇和島伊達家の御屋敷の中である。

【『稿本藍山公記　自安政三年丙辰五月　至同年六月　巻八十』より】

一、安政三年五月九日

「九日乙丑時アッテ雨　寒暖計七十度記録彙、宇和島彙。朝、世子殿、御出アリ。辰半刻、御供揃、御同道、御乗馬ニテ、廣尾へ、御出テ遊ハサル。御手留日記記録　○同処ニテ、此度、於正殿、御附トナリシ、御側女中、さなト申ス者ノ、剣術、鎗、薙刀等之、技ヲ、御覧アリ。女子ニテハ、達者ナリトテ、御感心遊ハサル。御手留日記。○申半刻ヨリ御吸物出テ、御酒宴遊ハサレ、先公始メ皆々様へ、御持参ノ品、進セラル。酉刻過、御暇乞ニテ、御帰館遊ハサル」

（同日）『御手留日記』「此度お正殿付に相成候さなと申候そばのもの、けんじつやりなきなたつかい候事見事、女子にしてハ中々たつしやにてかんしんいたす」

二、安政三年五月十八日

「十八日甲戌微晴　寒暖計七十六度記録晴曇夜雨。宇和島時アツテ細雨。辰半刻、前、御供揃ニテ、世子殿、御同道、広尾へ御出遊ハサル。御昼後、先公ト共ニ、御近辺ヲ御歩行遊ハサル。同○於正殿、於節殿、過日。上リタル、御側女中サキ（「キ」を抹消して横に「ナ」とある）ニ、御稽古アリタル。薙刀ノ型、四五本御覧遊ハサル。同○申半刻、御吸物上リ、酉半刻、御帰館遊ハサル」

（同日）『御手留日記』「お正殿、お節、なきなたのかた四五本、此間上り候そばのものにならひ覚候よしにてみる。側のものハよほと上手にて、男子もよはきものハまけそふ也、さなと申、きりよふもよほどよろしく」

三、安政三年六月十九日

「十九日甲辰雨、不揃之冷サ也　寒暖計七十度記録、雨、宇和島晴　朝、御両殿、御揃、弘尾へ

御出デ遊ハサレ、次テ、卯刻過、夫人殿モ、御出デアリ。御中食後、奥女中、左那、薙刀ニテ、世子殿、剣術ノ御相手ヲ為ス。左那ハ、容色モ、両御殿中、第一ニテ、薙刀ニモ、熟達シ、世子殿モ、敗ヲ取ラルル位、珍ラシキ婦人ナリト、御感嘆遊ハサル。當日、軍談講釈ノ御催フシアリ。義士傳ヲ弁ス。亥刻過キヨリ御酒出テ、鳴物ノ催フシアリ。卯刻過御帰館遊ハサル」

（同日）『御手留日記』「大膳さなと長刀けんじつする。さなハきりやふも両やしき三奥にていちばんよろしく、なぎなたもよくつかい、大膳もまけ候位、□々めつらしき人也」

四、安政三年六月二十六日

「二十六日辛亥晴寒暖計朝七十八度、夕八十七度記録晴。宇和島晴。丑刻、御供揃ニテ、両殿、弘尾へ御出遊ハサル。御手留日記。〇昼過ヨリ同処ニテ、世子殿始メ、剣術始マリ、公ニハ、試ミニ、甲冑を御着用アリシニ、頗ル暑サヲ感ゼラル。戌刻頃、剣術畢リ、御着更ノ上、「ちぢが茶屋」へ御歩行。世子殿始メ一同従ヒ、夫レヨリ、先キノ川ニテ皆々水練スルヲ御覧遊ハサレ、亥刻過ヨリ、先公ト外庭ニ御出テ、世子殿ト、さな、かう、ナドノ剣術ヲ、御覧遊ハサル。夜丑刻、先公ト共ニ、御食事遊ハサレ、寅刻過、両殿共御乗馬ニテ、御帰館遊ハサル」

（同日）『御手留日記』「外庭へ御一所に参り、大膳と又さなかふなとけんじつする」

【『稿本藍山公記　自安政三年丙辰七月　至　同年八月　巻八十一』より】

五、安政三年七月五日

「五日庚申雨寒暖計七十九度記録曇雨。宇和島晴曇夕白雨。朝卯刻、御供揃、御両殿、御同道ニテ、弘尾へ、御出テ。老公ニ、御對面。種々御物語アリ。御奥ニテ、御昼餐之後チ、御曹司様ト、於節殿、及ヒ侍女、さな、こう、るい等ト、剣術試合ヒヲ、御覧アリ。夫レヨリ、公ニハ、老公ト種々御歓談アリ」

（同日）『御手留日記』「大膳とお節さなとかうるいなとけんじついたし候」

千葉佐那とみられる「さな」「サナ」「左那」が登場する記述はこの安政三年五月から七月までの巻八十および巻八十一の計五ケ所であった。

記述一では「今度、正姫様のお付きとなった御側女中さな」とある。「御側女中」は『御手留日記』では「そばのもの」（側の者）と記される。

佐那が伊達家で採用になったのはこの安政三年五月初旬頃かと推定される。彼女の採用に関する具体的な記述は無いが、その経緯を知ることが出来る別観点の記述がある。それは正姫・於節姉妹の歌道御指南役採用の経緯に関する記述である。

『稿本藍山公記　巻七十七』の安政三年二月二十一日の記述に、「正姫様、於節様、御指南、是迄罷出タル、一枝ト申モノ、死去致セシニ付、右代リ、増上寺御霊屋、御掃除頭、田原栄之助ト申ス者ノ母、まゆ子ト申老尼、歌道能ク弁へ、居リ、人物モ宜シキ趣ニ相聞ユルニ付、一枝同様、廣尾、御奥トモ、召サセラルル様、成サレ度キ旨、大屋形様ヨリ、仰出サル」とある。

すなわち「正姫様、お節様の歌道の御指南役としてこれまで来ていた一枝という方が亡くなったため、その代わりの人物として、まゆ子という老尼が歌道によく通じているうえ、その人柄も宜しいということで、一枝同様に広尾の御屋敷、御奥とも召しだすようにとの旨が大屋形様（伊達宗紀）からお話がありました」となる。正姫、お節姉妹の歌道指南役採用の経緯である。十九歳と十七歳の姉妹に教養としての和歌の先生がこのような流れで採用されている。大名家の姫君の学問稽古の一端である。

この老尼まゆ子という和歌の先生は三月十六日に初めて御屋敷に来た。「以後ハ、御定日、取極メラレ、罷出ル御都合之旨、御附奥年寄ヨリ相達ス」と記されている。すなわち決まった日（定日）に通いでやってくる家庭教師のひとりである。

千葉佐那の場合も「そばのもの」「御側女中」「奥女中」「侍女」とは記されてはいるが、

おそらくこのような定期的に通ってくる家庭教師の立場なのであろう。かたやお姫様らしい和歌の先生であり、千葉佐那は勇ましくも武芸指南の役目である。千葉佐那は明治二十六年（一八九三）の回想でも「夙に武術を以て諸侯の邸に出入して子弟を教授せり」と様々な大名家へ若くして武芸指南役として出かけたように語っている。

大名家の姫君の剣術指南役が男性ではまずいので千葉佐那のような武芸の出来る女性にこのような需要があったことは充分想像出来ることである。ちなみに世子伊達宗徳の剣術指南役は桃井春蔵とその弟子であった（『稿本藍山公記』巻七十五、安政二年十二月十九日条）。

記述一にあるように安政三年五月九日に広尾の屋敷で初めて千葉佐那を見た伊達宗城は、彼女の剣術、鎗、薙刀などの技を見て、「見事。女子にしてハ達者にて感心いたす」と自身の日記に書いたのである。

記述二は安政三年五月十八日のこと。

伊達宗城は世子宗徳とともに（龍土の）御屋敷を出て広尾の屋敷を訪問して先公伊達宗紀に会い、昼食後に付近を散歩した。その後、正姫とお節は、先日採用となった御側女中サナの指導で御稽古があった。薙刀の型を四五本習う様子を（宗城が）御覧になった、とある。

同日の『御手留日記』には『稿本藍山公記』に記載されなかった文章が見られる。それは「側のものハよほと上手にて、男子もよはきものハまけそふ也、さなと申、きりよふもよほどよろしく」という部分である。「さなと申す側の者は余程（剣術が）上手で、男子でも弱い者は負けそうだ。その器量（容色）も余程よろしい」と記されているのだ。

記述三は安政三年六月十九日のこと。

御中食ののち、「奥女中」左那が薙刀で世子宗徳殿の剣術の御相手を務めた。この左那はその容色が両御殿（龍土の御屋敷とこの広尾の御屋敷）の中でも第一であり、さらに薙刀にも熟達し、対戦した世子殿も敗れるほどであり、「珍しき婦人なり」と宗城が感嘆した、という記述である。

世子宗徳はこの年二十七歳で、剣術の師は桃井春蔵。その若殿を十九歳の千葉佐那は薙刀で破り、さらに伊達家の両御殿で一番の美人だと記されている。

同日の『御手留日記』には「さなハきりやふ（器量＝容色）も両屋敷、三奥（宗紀・宗城・宗徳のそれぞれの奥か）で、いちばんよろしく、薙刀もよくつかい、大膳（世子宗徳）も負け候位、さてさて珍しき人也」と記されている。

あまりにも強くてあまりにも美人だったので、伊達宗城もこの「さな」の印象が強く残ったのであろう。

記述の四と五はほぼ同様の内容である。六月二十六日と七月五日に「世子殿、さな、かう」の剣術（練習）を御覧になったり、「御曹司（世子）と節姫、さな、こう、るい等」の剣術試合を御覧になったとの短い記述である。

『稿本藍山公記』では「さな」「サナ」「左那」と記される。一方『御手留日記』（写本）では「さな」は正確には「さ那」と記されている。

千葉佐那はこの正姫に馬術も教えたと「坂本龍馬の未亡人を訪ふ」には記されている。次の『稿本藍山公記』の記述にも佐那がかかわっていただろう。

安政三年七月二十一日

「二十一日（中略）丑刻、弘尾へ御出デニ付、御曹司様、御同道、御乗馬ニテ、少シク、御廻リ遊ハサレ、卯刻御着。（中略）外庭へ御出デ、御曹司様ト御乗馬遊ハサル。於正殿ニモ、余程御達者ニ、御乗馬遊ハサレ、於節殿、地道ニ御乗リ遊ハサル。今回ニテ二度目ナリ。（後略）」

広尾の御屋敷の外庭で宗城と世子宗徳、そして於正殿と於節殿が乗馬をしたのだ。姉妹の乗馬の違いが短い記述だが生き生きと描写されている。姉の於正殿は「余程御達者に」馬を乗りこなしていたのに対して、妹の於節殿は「地道に」馬に乗っていたのだ。運動神経の良い元気な姉と、おとなしい妹との対比が目に浮かぶようである。「今回が二度目」と記されている。同日の『御手留日記』にも名前はないが千葉佐那がこの日の姫君の乗馬も指導していたのであろう。

伊達家の江戸屋敷

宇和島藩伊達家の江戸屋敷を幕末期の切絵図などで調べると、嘉永六年（一八五三）の「東都青山繪図」に「伊達遠江守」の敷地が描かれている。ここが宇和島藩の上屋敷であり「龍土の御屋敷」とされる。すなわち藩主伊達宗城と世子宗徳の住む御屋敷である。現在では港区六本木七丁目から西麻布一丁目のあたり、青山霊園の東側に接する青山公園から国立新美術館あたりに該当するようである。

もう一つの屋敷は『稿本藍山公記』で「弘尾」あるいは「広尾」と記述される屋敷である。嘉永七年（一八五四）の「目黒白金図」に「伊達遠江守」と記されているもので、周囲を「百姓地」とされる田畑に囲まれた正方形の屋敷地である。現在の地名の広尾ではなく、少し南側の渋谷区恵比寿三丁目である。旧町名では伊達町にあたる。今もなお「伊達児童遊園地」や「伊達坂」などの名称が残っている。周囲からは比較的高台になっており、現在の道路区画などからほぼ正方形だった御屋敷の範囲が復元出来るように見える。「目黒白金図」に記載された伊達遠江守屋敷の前の道を北に降りて行くと、渋谷川の手前側に「広尾」の地名が見えるので、この伊達家屋敷が「広尾」という呼称であっても幕末当時は問題がなかったようである。

この広尾の御屋敷には隠居である伊達宗紀とその娘である正姫、節姫など宗紀の家族が住んでいた。すなわち龍土の御屋敷に住む藩主宗城と世子宗徳が、しばしば揃って前藩主(義父と実父)の広尾の御屋敷に伺候していたのだ。「龍土の御屋敷」から「広尾の御屋敷」までは直線で二・五キロメートルほどの距離である。宗城や宗徳は主に乗馬で訪れていたようだ。

また京橋・桶町あたりから広尾の御屋敷までは直線で六キロメートルほどである。千葉佐那は自宅から一時間あまりかけて歩いて伊達家の屋敷に通ったのであろう。

おわりに

このように千葉佐那の姿が宇和島藩伊達家の記録に見えてきたことはとても重要である。幕末期に千葉佐那は単なる町道場の娘ではなく、自分でも語っているように、諸大名の息女らに武芸を教えるようなかなり高名な立場にあったのである。また伊達宗城が十九歳の千葉佐那を見て「器量もよほどよろしく(美人だ)」と述べた点も傾聴に値する。この『稿本藍山公記』の佐那関係記事の発見は新たな千葉佐那像を構築することに寄与するであろう。また明治二十六年に山本節に語った佐那の回顧談に一定の信憑性を付加するものでもある。「坂本龍馬と結納を交わした」というこのときの佐那自身の証言にもある程度の信頼性がある、ということなのである。

最後に正姫のエピソードを少し記しておこう。伊達家の正姫は、安政三年、十九歳の年に同い年の千葉佐那に長刀や剣術や居合を習い、馬にも達者に乗っていた。この活発な姫君は二年後の安政五年、二十一歳で島原藩の藩主松平忠精に嫁した。もちろん島原藩の江戸上屋敷にお輿入れしたのだが、そこは数寄屋橋を入った左手側であった。そのことから正姫は「数寄屋橋奥方様」と呼ばれた。しかし結婚からわずか五ケ月後、参勤交代で肥前島原の領国に戻った夫松平忠精は亡くなってしまうのである。あまりにも短い結婚生活であった。正姫は「眞鏡院」となったのだ。この娘の不幸を慰めるために実家の伊達家では豪華な琴を製作させ、あわせて曲もつくらせたという。これが山田流箏曲の名曲「松風」だと伝わっているのである。

（参考文献）

藤田正「伊達宗城の歴史的役割」『伊達宗城公傳』（創泉堂出版、平成十七年）

（追記）

登場する伊達家の正姫については「ある姫君の生涯」という題名で書いている（『「霧島山登山図」は龍馬の絵か？』所収）。興味のある方はご参照ください。

千葉佐那日記

読売新聞の明治二十六年（一八九三）八月二十八日号に千葉佐那の短い記事が載っている。

「坂本龍馬未亡人の日記
　坂本龍馬の未亡人千葉さな女が事は此程の紙上に掲げしが、同女は独り剣道に達し居るのみならず文筆も達者にて、父周作翁在世の頃より見ること聞くこと悉く之を日記に記し置き、此頃其一族たる根本金太郎氏がさな女に就て周作翁の事歴を糺したるに、同女は日記を繙きて仔細に之を物語り、又周作翁が門人某の志望を憐みて其が不倶戴天の父の仇と浅草天王橋にて討たせたる事の如きは別に之と一冊子に綴りて所持したる由。」

「坂本龍馬の未亡人を訪う」というインタビュー記事に続く短い記事だ。千葉周作が父となっているのは誤りだが、伯父周作に関する話は得意だったらしい。それも日記を引いてである。

千葉佐那が幕末以来、克明な日記を書いていたという内容の記事だ。佐那が文武両道の名にふさわしい「文筆も達者」な女性であったことがこれで判明したのだ。

この『千葉佐那日記』は現存しないのだろうか？　筆者がこれまで調べた範囲ではすでに失われてしまったようである。しかし彼女の日記がこの世に残っていたならば、龍馬と佐那の細かな交際の様子やあるいは千葉道場の様子などもっと様々なことを知ることが出来たかもしれないのだ。『千葉佐那日記』がかつて存在したことを知ってもどかしい限りである。失われた歴史に想いを致すべき瞬間がここなのである。

あとがき

坂本龍馬をめぐる史料の検討・研究と考察の遍歴の物語である。時間軸に沿えば多方面に広がった話だが、改めて見渡せば何か一貫していたような気がする。

坂本龍馬を筆者の研究の主題に据えたことには意味があったようだ。幕末史のトリックスター、あるいはジョーカーのような人物だ。変幻自在・融通無碍に見えて、一本筋が通った人物だったような印象を受ける。手紙文に見える龍馬は気遣いの出来る常識人であり、「義理と情けは引くに引かれず」と書くバランス感覚をもった人間だ。

筆者が何か思いついて書くたびに墓の底から龍馬の魂が私の後ろに迫って「それは違うよ」と耳元で言っていたらどうしようと考えることもある。しかし筆者の心中は常に「龍馬はこのとき、何を考えていたのだろうか？」というものだ。過去の人物だ。「そんなことが分かるのか？　現代人でも分からないのに。ましてや百五十年以上も前の人物だ。そんなことは絶対に分からない」という意見もあるだろう。反対に「たぶんこう考えていたに違いない」という推定が的外れではない場合もあろう。その二つの立場の綱引きの中間あたりに正解があるのではないか。

歴史とはいったいなんなのか？　なかなか難しい設問だが、なんでも無いものならばわざわざこんな文章にしたりしないはずだ。人間の誰かが「古いものごとを調べて書きたくなった事象について文章にするという行為」そのものが歴史なのかもしれない。すなわちなんらか私たち現代人が興味を抱く過去の事象が歴史なのだろう。反対に誰も興味が湧かない歴史というものが存在するのかと考えてみれば納得される部分もあろう。そのあたりに重要なポイントがある気がする。

ふり返れば坂本龍馬は研究テーマとしてとても面白かった。龍馬を通じて見る幕末史はまことに興味深いものだ。歴史の入り口として格好の人物だった気がする。もちろん最高の人物という意味ではないが。歴史という大きな流れから見れば卑小な人物にすぎないのか、はたまた重要だったのか。龍馬本人は「わが為すことは我のみぞ知る」と歌にしている。後世の歴史研究者の考慮の外側に坂本龍馬は居たのかも知れない。

読み返せば、考察を超えて推察した文章も多いが、読者の心の内になんらかの感慨が残るならば意味がある作業だったと思う。

*本書掲載順。元のタイトルを掲載しています。

【初出一覧】

Ⅰ　再考　寺田屋事件と薩長同盟

龍馬の寺田屋遭難事件を考え直す　書き下ろし
龍馬は寺田屋で襲われて良かった　京都龍馬会会報「近時新聞」第二十七号、平成二十九年三月
龍馬の秘密のたくらみ　「近時新聞」第三十号、平成二十九年十二月
シナリオ「寺田屋遭難事件異聞」　書き下ろし
史料で見る寺田屋遭難事件　書き下ろし
龍馬が匿われた伏見薩摩屋敷　書き下ろし
薩長同盟の必然性　書き下ろし
大久保一蔵の戦い　書き下ろし

Ⅱ　新発見「新国家」の書簡をめぐって

「新国家」の書簡をめぐって—龍馬と越前福井藩の深い関係—　書き下ろし
松平春嶽と龍馬　書き下ろし
龍馬の福井行きの記録　書き下ろし
「○○○」の答え　「近時新聞」第二十八号、平成二十九年六月
中根雪江の釣り人姿　「近時新聞」第二十九号、平成二十九年十月

Ⅲ　大政奉還の直前、龍馬は何を考えていたか

龍馬は大政奉還を望んでなかった　「近時新聞」第三十二号、平成三十年六月
慶応の将軍継嗣問題　書き下ろし
真剣で戦うということ　「近時新聞」第二十六号、平成二十八年十二月
月岡芳年と大河ドラマ　「近時新聞」第三十一号、平成三十年三月
歴史を描くことの歴史　書き下ろし
鞍馬寺所蔵の鉄扇　書き下ろし

Ⅳ　龍馬の刀、手紙、遺品

龍馬の刀をめぐる諸問題　高知県立坂本龍馬記念館・現代龍馬学会紀要八号、平成二十一年

慶応元年九月九日、龍馬は書簡をどう書いたのか？　高知県立坂本龍馬記念館・現代龍馬学会紀要三号、平成二十三年

失われた龍馬の遺品—坂本・中岡五十年祭の展覧会目録をめぐって—　書き下ろし

坂本龍馬紋服の絵葉書　「歴史読本」第五十四巻七号（八四一号）、平成二十一年七月

五十年祭のこと　「近時新聞」第三十三号、平成三十年九月

Ⅴ　犬歩棒当記（高知県立坂本龍馬記念館だより『飛騰』連載「犬歩棒当記」）

ひねりが効いている　「犬歩棒当記（二十八）」（平成二十九年一月号、第一〇〇号）

描かれなかった歴史　「犬歩棒当記（二十九）」（平成二十九年四月号、第一〇一号）

田中伯爵邸の白い花　「犬歩棒当記（三十）」（平成二十九年七月号、第一〇二号）

→矢印の研究←　「犬歩棒当記（三十一）」（平成二十九年十月号、第一〇三号）

薩長同盟とは何か？　「犬歩棒当記（三十二）」（平成三十年一月号、第一〇四号）

龍馬は大人になってから　「犬歩棒当記（三十三）」（平成三十年四月号、第一〇五号）

矢印の研究（補遺）　「犬歩棒当記（三十四）」（平成三十年七月号、第一〇六号）

日本人のお名前—幕末編—　「犬歩棒当記（三十五）」（平成三十年十月号、第一〇七号）

Ⅵ　千葉重太郎と佐那のこと

山国隊と千葉重太郎　「歴史読本」第五十四巻九号（八四三号）、平成二十一年九月
千葉重太郎の冗談―弟子が狸に化かされた！―　書き下ろし
千葉周作の教え　書き下ろし
目撃された千葉佐那…幕末の名君・宇和島藩主伊達宗城との知られざる接点
「歴史読本」第五十五巻四号（八五〇号）、平成二十二年四月
千葉佐那日記　書き下ろし

〈写真協力〉

赤尾博章氏（京都龍馬会）
京都国立博物館
鞍馬寺
高知県
高知県立坂本龍馬記念館
国立国会図書館
坂本家
城南宮
創造広場「アクトランド」
東京都立中央図書館特別文庫室
福井市立郷土歴史博物館

〈著者略歴〉

宮川禎一（みやかわ　ていいち）

1959年、大分県宇佐市安心院町生まれ。大分県立中津南高等学校卒。1986年、京都大学大学院文学研究科修士修了（考古学専攻）。財団法人辰馬考古資料館学芸員を経て、1995年から京都国立博物館考古室員。2006年より同館学芸部考古室長。2012年より同館学芸部企画室長。2016年より上席研究員。

専攻は東アジアの考古学。特に統一新羅時代の陶質土器の研究、東南アジアの銅鼓の研究、平安時代経塚遺物の研究、あわせて坂本龍馬の研究など。

主要論文は「新羅印花文陶器変遷の画期」（『古文化談叢』第20集〈中〉、1989年）、「施文技術からみた西盟型銅鼓の新古」（『学叢』第22号、2000年）など。著書に『日本の美術407号「陶質土器と須恵器」』（至文堂）、『龍馬を読む愉しさ ― 再発見の書簡が語るもの ―（臨川選書23）』（臨川書店）、『全書簡現代語訳　坂本龍馬からの手紙』、『「霧島山登山図」は龍馬の絵か？ ― 幕末維新史雑記帳 ― 』（以上、教育評論社）など。

京都国立博物館の特別展覧会『龍馬の翔けた時代』展（2005年）、特別展覧会『藤原道長』展（2007年）、特別展覧会『南山城の古寺巡礼』展（2014年）、特別展覧会『没後150年　坂本龍馬』展（2016年）の企画および図録の編集。

再考　寺田屋事件と薩長同盟
――龍馬の手紙に見る幕末史

二〇一八年十月二十九日　初版第一刷発行

著　者　宮川禎一
発行者　阿部黄瀬
発行所　株式会社　教育評論社
〒一〇三-〇〇〇一
東京都中央区日本橋小伝馬町一番五号
PMO日本橋江戸通
TEL　〇三-三六六四-五八五一
FAX　〇三-三六六四-五八一六
http://www.kyohyo.co.jp

印刷製本　萩原印刷株式会社

定価はカバーに表示してあります。

落丁本・乱丁本はお取り替え致します。

ISBN 978-4-86624-018-3